Hino a Afrodite
e outros poemas

Safo de Lesbos

edição brasileira© Hedra 2024
organização e tradução© Giuliana Ragusa

edição consultada Eva-Maria Voigt. *Sappho et Alcaeus.*
Athenaeu-Polak & Van Gennep (Amsterdam, 1971)

edição Jorge Sallum
coedição Suzana Salama
editor-assistente Paulo Henrique Pompermaier
capa e projeto gráfico Lucas Kroëff

ISBN 978-65-89705-05-5
conselho editorial Adriano Scatolin,
Antonio Valverde,
Caio Gagliardi,
Jorge Sallum,
Ricardo Valle,
Tales Ab'Saber,
Tâmis Parron

Grafia atualizada segundo o Acordo Ortográfico da Língua
Portuguesa de 1990, em vigor no Brasil desde 2009.

Direitos reservados em língua
portuguesa somente para o Brasil

EDITORA HEDRA LTDA.
Av. São Luís, 187, Piso 3, Loja 8 (Galeria Metrópole)
01046–912 São Paulo SP Brasil
Telefone/Fax +55 11 3097 8304
editora@hedra.com.br

www.hedra.com.br

Foi feito o depósito legal.

Hino a Afrodite
e outros poemas

Safo de Lesbos

Giuliana Ragusa (*organização e tradução*)

2ª edição revista e ampliada

São Paulo   2024

Safo de Lesbos nasceu, segundo a tradição, de uma família aristocrática em Êresos, na costa ocidental da ilha de Lesbos (mar Egeu), em torno de 630 a. C. A poeta grega passou a maior parte de sua vida numa cidade da costa oriental, a próspera e proeminente Mitilene, onde teria morrido em cerca de 580 a. C. Seu nome figura desde seu tempo entre os expoentes da poesia grega e de um de seus gêneros mais importantes, a *mélica* ou *lírica*, e é o único nome feminino no conjunto de poetas da Grécia arcaica (*c.* 800–480 a. C.). Muitos outros dados sobre sua vida podem ser colhidos nos testemunhos antigos; vistos de perto, porém, eles se mostram demasiado frágeis, contraditórios, anedóticos, configurando-se antes como peças de uma biografia ficcionalizante, sempre em (re)construção, baseada no que nos restou da obra sáfica.

Hino a Afrodite e outros poemas reúne os textos traduzidos e anotados remanescentes da mélica sáfica, ou seja, de suas canções para *performance* ao som da lira, em solo ou em coro. Mais precisamente, dessa poesia de tradição oral, foram selecionados a única canção completa e os fragmentos mais legíveis de canções do *corpus* de Safo, que sobreviveram ao tempo. Anotações de leitura buscam lançar luz sobre elementos relevantes da estrutura, conteúdo ou transmissão dos fragmentos organizados tematicamente. Precede a tradução anotada uma introdução sobre Safo, sua poesia e o contexto em que se produziu e circulou, o gênero mélico, a fortuna crítica sobre a poeta, a transmissão de sua obra, e as outras poetas mulheres de que se tem notícia.

Giuliana Ragusa é professora livre-docente de Língua e Literatura Grega na Faculdade de Filosofia, Letras e Ciências Humanas no departamento de Letras Clássicas e Vernáculas da Universidade de São Paulo (USP), onde ingressou como docente em 2004. Ali se graduou em Letras e obteve títulos de mestre e doutora em Letras Clássicas, além de livre-docente em Literatura Grega. Entre 2012–2013, fez pós-doutorado nos EUA (University of Wisconsin, Madison, Bolsa Fapesp). Dentre seus livros publicados destacam-se: *Fragmentos de uma deusa: a representação de Afrodite na lírica de Safo* (Editora da Unicamp, 2005), contemplado com o 2º lugar do Prêmio Jabuti de 2006, na categoria Teoria/ Crítica Literária; *Lira, mito e erotismo: Afrodite na poesia mélica grega arcaica* (Editora da Unicamp, 2010); *Lira grega: antologia de poesia arcaica* (Hedra, 2013). Tem publicado artigos em periódicos especializados na área de Estudos Clássicos, e desenvolve projetos de pesquisa sobre a mélica grega arcaica. Atualmente, integra o programa de pós-graduação em Letras Clássicas (FFLCH–USP).

Sumário

Nota à segunda edição 7
Introdução, *por Giuliana Ragusa* 11
HINO A AFRODITE E OUTROS POEMAS 67
Afrodite 70
Eros 97
Ártemis 101
As Cárites ou «Graças» 103
Eos, a Aurora 105
Hera 106
Musas 109
Deuses vários em inícios frustrados 112
Cenas míticas 114
Canções de recordação 122
Desejos 138
Dores de amor 142
Sono 147
Viagem 151
Imagens da natureza 153
O cantar, as canções e as companheiras 157
Epitalâmios: canções de casamento 172
Festividades 182

Vestes e adornos 188
Cleis 192
Reflexões ético-morais 196
« Canção sobre a velhice » 201
Canto, velhice: um convite 204
De cantos, cordas, prêmio: imortalidade? 206
Índice 209

Nota à segunda edição

Quase uma década decorreu desde a primeira edição deste volume de traduções, acompanhadas de pequenos comentários, dos fragmentos da poesia mélica arcaica de Safo, precedidos por detalhada introdução abarcando a poeta, seu universo cultural, o gênero poético que praticou, as demais poetas mulheres e a transmissão do *corpus* de sua obra até nós.

A antologia teve por critério oferecer ao leitor todo fragmento minimamente legível, destacando no título a única canção completa de Safo, salvo por um problema num de seus versos. Isso significa a exclusão de fragmentos em que mal vemos uma palavra inteira, de outros em que há apenas palavras esparsas que, poucas e soltas, mal permitem a reconstituição de qualquer leitura, e ainda de outros que contêm uma única palavra – estes incluídos somente quando podem integrar um conjunto que viabilize alguma compreensão. Logo, o termo "antologia" é usado não para indicar a escolha de textos mais famosos ou algo desse tipo, mas a reunião dos que podemos ler e entender em algum nível, nos quais há algo de palpável.

O critério se mantém, por certo, mas um número razoável de fragmentos, revisitados, foram incluídos desta vez, e distribuídos nas seções temáticas já existentes ou abertas para acomodá-los. Nesse processo, fragmentos já traduzidos na primeira edição foram nesta reorganizados, e em muitos casos os comentários foram expandidos.

Todo o material passou por revisão, e mesmo as traduções, parte delas, trazem modificações nesta edição. Mas nisso nada há a estranhar. Para alguns, a tradução é tarefa que, uma vez feita, não mais se altera. Para mim, é tarefa contínua, porque articulada à compreensão, à análise, e mesmo à sensibilidade ao texto original que, quero crer, sofre os efeitos positivos do amadurecimento da tradutora e pesquisadora. Claro, restrinjo as alterações ao mínimo necessário ou irresistível, na oportunidade que me é dada.

A revisão da introdução que preparei quando da 1ª edição não se limitou à redação – que, seguramente, sempre pode melhorar –, mas procurou rever certos problemas e elaborações que hoje me pareceram insatisfatórias. De novo, só interferi naquilo que de fato merecia ser reformulado, sobretudo o que é relativo à nova e mais consistente apreciação da coralidade na mélica de Safo e da natureza do grupo por ela liderado de *parthénoi* – termo que nomeia tecnicamente o estágio transicional das moças não casadas, virgens, mas na puberdade e, portanto, prontas para a boda, *gámos*. Tal apreciação é fruto do impacto nos estudos da poeta causado pelas pesquisas sobre a canção coral e a *performance*, e, em especial, da descoberta em 2004 da "Canção sobre a velhice", fragmento não numerado – como é o caso também do último –, porque anterior à edição de autoridade adotada para os textos gregos, de Eva-Maria Voigt, *Sappho et Alcaeus*, de 1971.

No mundo acadêmico, a produção de conhecimento não para, e não há que ansiar por verdades inamovíveis, absolutas – menos ainda no universo das Humanidades, que lidam com a cultura e seus objetos, e no campo das Letras Clássicas que, vez por outra, é obrigado a rever teorias, posturas e o mais, seja porque algo novo vem à luz, como o referido fragmento sáfico, seja porque para algo se elabora uma compreensão mais sólida.

Esta 2ª edição deu-me a chance de mostrar esse movimento natural e esperado das pesquisas em torno de Safo e da mélica, que estimulou estudos recentes sobre a poeta, incluindo os meus próprios, listados no último acréscimo que fiz a este volume – um adendo à bibliografia da primeira edição.

Que o leitor possa, com a mediação deste trabalho de tradução organizada e abordagem contextualizada, admirar uma das maiores vozes da poesia grega, que atravessa os séculos, e que já os antigos poetas celebravam com versos como os de Dioscúrides (século III a.C.), que precedem nesta antologia a parte dedicada à tradução e comentário aos fragmentos.

Tais versos remetem à geografia dos montes diletos às Musas, na imagem do deus do Himeneu, do enlace dos noivos e a perda da virgindade da noiva, na figura de Afrodite, deusa que rege *éros* e que dele é vítima pelo arrebatamento diante da beleza do jovem Adônis, filho do cíprio Ciniras. Dispostos na página 71, celebram linhas de força da mélica de Safo, como o desejo, o casamento e Afrodite, conforme mostrará esta coletânea de seus fragmentos.

Introdução
Safo revisitada: viagem pela poesia grega antiga

GIULIANA RAGUSA

> Estas mulheres, divas línguas, o Hélicon nutriu – e o
> rochedo macedônio de Piéria – com hinos:
> Praxila, Mero, Anite eloquente, feminino Homero,
> Safo, adorno das lésbias de belos cachos,
> Erina, Telesila mui gloriosa e tu, Corina,
> o impetuoso escudo de Atena cantando,
> Nóssis de feminina língua, e Mirtes, doce de ouvir –
> todas fazedoras de eternos escritos.
> Nove Musas do grande Urano, e nove mesmas
> Gaia pariu, para a imperecível alegria dos mortais.
>
> ANTOLOGIA PALATINA[1]
> *Livro IX, epigrama 26, de Antípatro de Tessalônica*[2]

---

1. Daqui para frente, AP.
2. Séculos I a.C. a I d.C. Tradução de Ragusa (2005, p. 57; 2020, p. 116), com pequenas alterações. Todas as traduções, salvo quando indicado, são minhas. Os textos gregos dos epigramas são da edição de Paton (1916–1918), em cinco volumes. Embasam esta introdução meus trabalhos prévios listados na bibliografia.

Ao contrário do que faz supor o mito – e quando se trata da poeta a que se dedica este livro, mito e realidade se confundem sem cessar, mal se distinguindo entre si –, Safo não é o único nome feminino da poesia da Grécia antiga, mas de sua primeira fase histórica, a arcaica[3] (*c.* 800–480 a.C.). Nascida em 630 a.C., de família aristocrática, na costeira Ereso, oeste da ilha de Lesbos, ela viveu na proeminente Mitilene, costa oriental, contemporaneamente ao poeta e guerreiro Alceu. Ambos são os primeiros poetas lésbios dos quais sobreviveram, para cada um, corpos de obra substanciosos; suas práticas, porém, se beneficiaram, ressalta Angus M. Bowie, de uma forte e bem reputada tradição poética lésbio-eólica, em que se inserem nomes como os dos célebres citaredos Terpandro (séculos VIII–VII a.C.) e Árion (séculos VII–VI a.C.), que levaram a outras geografias do mundo grego, e a dois polos culturais da era arcaica – Esparta e Corinto –, suas práticas métrico-musicais.[4] Mais não podemos dizer, pois do primeiro há só dois fragmentos de autoria duvidosa, e do segundo, nada resta. De todo modo, a relevância dessas figuras e o peso que conferiram a uma tradição lésbio-eólica de canção bem conhecida e firmada se fazem sentir na imagem que os antigos projetaram de Terpandro, tido como inovador da música grega num século VII a.C. de ricas experimentações, e inventor da lira de sete cordas, algo que a arqueologia prova insustentável, uma vez que o instrumento era já conhecido no mundo minoico-micênico, que antecede o que chamamos "Grécia histórica". E Árion é dado como o poeta do ditirambo, canção de forte aspecto narrativo.

Safo e Alceu são, ainda, dois dos nomes notáveis de um gênero poético, a *mélica* ou a lírica propriamente dita – a canção destinada à *performance* em solo ou coral, com o acompanhamento da lira (e de outros instrumentos e da dança, na modalidade

---

3. O adjetivo é usado no sentido de "antiga, remota"; a era arcaica é, por assim dizer, a mais antiga da Grécia antiga, e divide-se em duas etapas: a arcaica, até *c.* 550 a.C., e a tardo-arcaica, *c.* 550–450 a.C.; ver Shapiro (2007, pp. 1–3) a respeito.
4. Bowie (1984, pp. 7–10).

em coro). Se falo em *performance* é porque, recorde-se desde já, sobretudo no período arcaico e depois no clássico (*c.* 480–323 a.C.), pelo menos até *c.* 400 a.C., a poesia grega é eminentemente de tradição oral e inserida no que John Herington chama de "cultura da canção",[5] na qual, recitada ou cantada numa ocasião de *performance*, disseminava "ideias morais, políticas e sociais". A oralidade, portanto, marca a composição e a circulação dessa poesia em *performances* e *reperformances* profissionais e/ou amadoras a determinada audiência, de certo modo, em dada ocasião, colocada assim em ligação estreita com a vida cotidiana da comunidade em que se fazia e pela qual passava, ligação esta que lhe confere um caráter em essência pragmático. A mélica grega, como bem ressalta Bruno Gentili, "não foi intimista, no senso moderno",[6] uma vez que existia integrada na vida da comunidade em meio à qual circulava oralmente. Não por acaso, a voz poética, apresentada numa situação de diálogo entre o *performer* e sua audiência, está sempre em diálogo: em vez de falar consigo mesmo ou a ninguém, o *eu/ nós* sempre se dirige ao outro, ao *tu/ vós* com que estabelece a interlocução. Se por vezes esta não nos é de todo discernível, isso se deve aos problemas materiais de preservação dos textos. Ora, o diálogo, dimensão viva da comunicação verbal humana, é um elemento crucial da oralidade, incorporado com grande força aos gêneros poéticos da Grécia antiga desde a épica homérica e seus poemas monumentais, a *Ilíada* e a *Odisseia*, em que há uma divisão quase equivalente entre narrativa de ação e interação verbal dialogada entre as personagens.

A oralidade se evidencia na composição da mélica, que se vale regularmente de estruturas e procedimentos estilísticos de caráter mnemônico, que, de maneira mais flagrante na era arcaica, refletem a tradição poética oral, mesmo que já possamos pensar, naquele momento, no uso da escrita – o alfabeto grego, adaptação do fenício, se disseminava desde fins do século IX a.C. – pelos

---

[5]. Herington (1985, p. 3).
[6]. Gentili (1990b, p. 9).

poetas nos processos e técnicas de construção de seus versos.[7] Pensando o caso de Safo, Jesper Svenbro acredita que ela teve seus textos escritos à sua época e com sua interferência direta, ela mesma os escrevendo – algo que pode ser excessivo e que não podemos comprovar; de todo modo, afirma ele:

> Um grego que vivesse por volta de 600 a.C., se refletisse sobre o problema de registrar o poema sob a forma escrita, provavelmente consideraria a questão em termos de uma *transcrição* de algo que já tinha uma existência socialmente reconhecida e que tenha sido tecnicamente controlado num estado oral ou memorizado. Considerar a transcrição como uma operação que tornava o poema duradouro e famoso não seria necessário; a tradição oral era bastante capaz de fazer isso, sem o auxílio da escrita.[8]

Em outras palavras, ainda que aceitemos a possibilidade de que Safo e outros poetas arcaicos, principalmente, tenham feito uso da escrita, o estudo atento aos elementos estruturais e estilísticos de suas obras dá a perceber que a oralidade as gera e sustenta.

O PROBLEMÁTICO NOME « LÍRICA »

Decorre do modo de *performance*, justamente, o nome tardio para a mélica, *lírica*, que prevalecerá na referência moderna a tal gênero somado a outros, elegia e jambo, que compõem, juntos, um variado corpo de textos de vários autores, metros, dialetos, tradições culturais, temas, *performances*, tons – que nem são poesia hexamétrica, como a épica –, nem dramática – tragédia e comédia. Esse uso moderno do nome é decerto prático, mas acaba por vestir, com um mesmo manto, gêneros poéticos autônomos e distintos que os antigos jamais unificaram ou confundiram, o elegíaco, o mélico e o jâmbico, por vezes tratados como subgêneros da lírica – um grave equívoco de importantes consequências para

---

7. Ver a respeito Gentili (1990a, pp. 14–23) e Svenbro (1993, pp. 27–30).
8. Svenbro (1993, pp. 145–59).

seu entendimento. *Mélica*, essa palavra não dicionarizada em nosso vernáculo, é o termo que os antigos identificavam à *lírica*, rigorosamente, o gênero da canção para a lira e tão-somente ele.

Fica, então, exposta a primeira armadilha de "lírica", que por isso grafo entre aspas: suas acepções antiga e moderna não são correspondentes uma à outra. A segunda reside no fato de que essa mesma designação é empregada para um gênero de poesia moderna – fruto de uma cultura da escrita. Isso cria uma falsa impressão de familiaridade no que tange à poesia antiga, que, se não revertida, acarreta para sua leitura um olhar modernizante potencialmente equivocado, sobretudo se guiado pelas expectativas de uma noção comum – não menos errônea até para certa poesia moderna – sobre a "lírica" e o "lírico". Tal noção agrega as ideias da brevidade, da subjetividade – amparada na abundante e intensa constância da primeira pessoa do singular –, da explosão dos sentimentos. Pautar-se por ela, todavia, é esquecer o filtro da dimensão estética, que faz com que experiências e sentimentos, ainda que pessoais, conhecidos, vividos pelo poeta, passem pelo processo da elaboração artística. Nele, a linguagem é trabalhada estilisticamente, formalmente, transformando a experiência ou a emoção – pouco importa, a rigor, se vividas ou não pelo poeta – em experiência *representada* no presente da composição. Há, portanto, uma filtragem que impõe um distanciamento que precisa ser observado, mesmo que a voz poética assuma o nome do próprio poeta, pois, ainda assim, estamos diante de sua *persona*, elaborada em linguagem artística diversa – não importa quão próxima ela se pretenda – da cotidiana.

Se é preciso atentar para tudo isso já na poesia moderna, mais ainda o é na antiga, em que, por sua composição genérica, devem estar articuladas as escolhas que faz o poeta da matéria, do metro, da ocasião e do modo de *performance*, bem como da linguagem, do caráter, do tom, e assim por diante. Noutras palavras, a composição dessa poesia – que, à diferença da moderna, tem caráter pragmático – centra-se no gênero, cujas regras, na época arcaica, são tradicionalmente preservadas e praticadas, sem que estejam escritas, o que nos obriga a pensar os gêneros de poesia arcaica e clássica menos como identidades de severas leis fixas e mais como "tendências firmadas o suficiente para permitir que afinidades e influências sejam discerníveis", observa Chris Carey, gerando "expectativas na audiência", mas sem prejuízo da flexibilidade que dá margem "à frustração e à redefinição de tais expectativas" pelo poeta e pela sua audiência.[9]

Claro está, a esta altura, que há uma defasagem considerável, para não dizer enorme, entre nossas prática e cultura literárias e as antigas, às quais não podem ser associados, sem grande prejuízo para a compreensão e leitura dos textos – na letra fria, artificial e estática de uma poesia feita para a *performance* em viva voz – e de seus universos, conceitos relativos à ideia moderna de "literatura", tais como originalidade e criatividade. A poesia elegíaca, jâmbica e mélica da Grécia arcaica, sobretudo, e clássica, resume Anne P. Burnett:

[...] é mais engenhosa e menos apaixonada, mais convencional e menos individual do que desejariam os que advogam essa noção [da explosão da individualidade].[10]

Essa poesia antiga, oral e de ocasião, "fincada no sistema social de uma *pólis* grega arcaica", recorda Wolfgang Rösler, é essencialmente discurso.[11]

Em conclusão a essas palavras, cabe esclarecer que não se trata, aqui, de negar qualquer medida de identificação entre o poeta e seu *eu* poético, mas de afirmar que, ao lidarmos com os antigos, o somatório do modo de composição, da falta de conhecimento sobre a biografia dos poetas e seus contextos histórico-sociais, e da precariedade mais ou menos intensa dos textos sobreviventes, torna essa identificação ainda mais complexa do que é. E o terceiro ingrediente dessa soma não é de importância menor,

---

9. Carey (2009, p. 22).
10. Burnett (1983, p. 2).
11. Ver Rösler (1985, p. 139), Johnson (1982, p. 72) e Clay (1998, p. 11).

como bem mostra este aviso aos que buscam a obra de Safo que, reunida com rigor,

contém apenas um poema completo, aproximadamente dez fragmentos substanciais, uma centena de citações breves de autores antigos e cerca de 50 peças de textos em papiro, que emergiram das areias do deserto egípcio.

Daí ser "mais exato falar em fragmentos de Safo",[12] e não em poemas. Essa síntese citada de André Lardinois é acurada, e de modo algum restrita ao caso da poeta de Lesbos. Antes, o cenário da preservação das obras de outros poetas da poesia jâmbica, da elegíaca e da mélica é similar ao ou pior do que o da obra de Safo. A propósito disso, cito a fala marcante de Walter R. Johnson:

Nós todos, quando lemos a lírica grega, ficamos desapontados em certo sentido: não porque a poesia não impressione – antes, é supremamente bela –, mas porque existe para nós apenas em cacos e farrapos. [...] E quando a comparamos aos outros remanescentes da literatura e da cultura gregas, essas ruínas são de machucar o coração. Nenhuma experiência de leitura, talvez, é mais deprimente e mais frustrante do que a de abrir um volume dos fragmentos de Safo e reconhecer, ainda uma vez – pois sempre se espera que desta vez seja diferente –, que essa poesia está perdida para nós.

Esse é um fato que escolhemos não encarar – não de frente e constantemente. Logo, divisamos uma ficção – [...] que chamamos poesia lírica grega –, mesmo que saibamos que ela está em meros fragmentos. Na verdade, *porque* sabemos que está em meros fragmentos, agimos, falamos e escrevemos como se o impensável não tivesse acontecido, como se bispos pios, monges descuidados e ratos famintos não tivessem consignado Safo e seus colegas líricos ao esquecimento irremediável. [...] Naturalmente, qualquer helenista a quem você perguntar admitirá o fato da fragmentação. Pode até ter prazer em descrever o estado verdadeiro dos textos e a incerteza fascinante de restaurações e conjecturas. Mas se você persistir em seu escrutínio e conversar sobre a poesia, sobre os poemas não existentes, à medida que a conversa esquentar, o esqueleto ganhará carne e cor, e a ruína se esvaecerá. Isso não é prevaricação ou enganação, isso é a natureza humana: nós que-

---

12. Lardinois (1995, p. 29).

remos aqueles poemas e, nos momentos em que nos desarmamos, nós os imaginamos de volta à existência. [...]

É o leitor, então, que deve se lembrar, quando eu me esquecer, que a lírica grega [...] nos é essencialmente inacessível.[13]

Nesta introdução e na tradução que se lhe seguirá – para não esquecer essa realidade e para que o leitor dela tenha consciência, acrescento à síntese de Lardinois esta outra: aos que procuram a poesia de Safo, restarão seus fragmentos vivos, desafiadores, pulsantes há séculos, a despeito de sua fragilidade material; aos que procuram Safo, a mulher, ou Safo, a *lésbica*, restará pouco mais do que ficções e anedotas. Penso que, entre a substância não obstante precária dos fragmentos e a névoa tão sedutora quanto impalpável da biografia, mais profícuo será privilegiar a primeira opção. Mas falemos um pouco da névoa sáfica.

EM BUSCA DE SAFO, POETA DE LESBOS

Um papiro encontrado na antiga cidade egípcia de Oxirrinco, próxima a Alexandria, isto nos conta da vida de Safo:[14] seu pai seria Escamandro ou Escamandrônimo; seus irmãos, Cáraxo, o mais velho, Erígio e Lárico, o mais novo; sua filha, Cleis, que levaria o nome da mãe de Safo "foi acusada por alguns de ser irregular e amante de mulheres"; era feia, mirrada e de compleição escura. Já o léxico bizantino *Suda*, compilado no século x, no verbete à poeta repete o segundo nome para o pai de Safo, acrescentando à lista outros sete; reitera o nome Cleis como sendo de sua mãe e de sua filha, e os de seus três irmãos; diz ainda que Safo teria sido casada; que teria mantido amizades impuras com jovens meninas, como Átis, e, por isso, adquirido má reputação; e teria tido pupilas, como Gongila. Alguns desses nomes se registram na obra de Safo, ou nas fontes que as preservaram. Mas, como se vê, os testemunhos antigos se retomam uns aos outros, discor-

---

13. Johnson (1982, pp. 25-6).
14. *Papiro de Oxirrinco* 1800, fr. 1, século II ou início do III d.C.

dando aqui e ali, tornando mais intricada a rede de inconsistências, e embasando-se, claramente, na leitura dos fragmentos de Safo, em circularidade viciosa. O pequeno painel biográfico composto pelo papiro e pelo léxico é, pois, indigno de confiança, para dizer o mínimo, mesmo que associado a outros testemunhos.[15]

O mistério, então, persiste e as perguntas que estimula – e que com frequência ganham dimensão desproporcional à própria inviabilidade de solução corroborada em sólidas evidências – dificilmente podem ser respondidas: quem foi Safo e que figura portava? Como se fez a poeta? Como construiu e fez circular suas canções? Como viveu na Lesbos arcaica? Sustenta-se a imagem da Safo *lésbica*? Vejamos um pouco do muito que se diz, e do pouco que podemos dizer.

Embora seja a mais velha das poetas mulheres listadas no epigrama que abre esta introdução, atuante numa Grécia da oralidade, em quem a escrita ainda estava por se consolidar como veículo principal de produção artística, Safo é aquela cujo *corpus* é o mais extenso[16] e cujos testemunhos são os mais numerosos e espalhados pelos séculos. Será a poeta privilegiada pela sorte, ou sua reconhecida superioridade garantiu sua preservação mais generosa do que a de outros? Impossível simplificar assim a explicação: nem a mera sorte, nem a mera fama podem ser responsabilizadas exclusivamente por nossa boa ou má fortuna quanto ao estado e volume do *corpus* remanescente de cada um dos antigos poetas.

Assim sendo, o fato de que Safo é a única poeta do período arcaico não deve ser superestimado de nenhuma maneira, inclu-

---

15. Na edição bilíngue de Campbell (1994; 1ª ed.: 1982), são arrolados 61 testemunhos sobre a poeta e sua obra. O volume é, comparado aos testemunhos de outros poetas, considerável; de seu contemporâneo Alceu, há 27 testemunhos na mesma edição. Quando me referir a testemunhos sobre Safo, uso sempre a compilação de Campbell. A propósito dos problemas da biografia de Safo e de suas evidências, ver Ragusa (2019b, pp. 211–239).
16. Cerca de duzentos fragmentos, um dos quais é, na verdade, uma canção completa, o "Hino a Afrodite".

sive por não sabermos se houve outras poetas em seu tempo e em sua Lesbos. Afinal, estamos no mundo da prevalente oralidade que seria ainda mais acentuada em épocas anteriores à de Safo, dificultando o rastreio de suas existências. Interessa antes observar como Safo e as demais poetas mulheres valeram-se da "forma – gêneros, metros, estilos e abordagens – do *mainstream*, isto é, da tradição poética pública de autoria primordialmente masculina do período em que estavam escrevendo. Isso é evidência poderosa de que elas não estavam isoladas da poesia de seus pares na maioria masculinos e de seus predecessores na grande tradição, mas, ao contrário, estavam muito interessadas nessa poesia e eram por ela influenciadas", como bem argumenta Laurel Bowman.[17] Considerados essa tradição e o elenco de poetas mulheres, porém, a reputação de Safo, atestam os testemunhos, não encontrou em nenhuma um nome que a superasse; Estrabão (I a.C.–I d.C.) ressalta isso:

Neste tempo que se tem na memória, mulher alguma nem de longe se revela páreo à graça daquela poeta.[18]

No desenho geográfico composto pelos nomes de poetas mulheres lembrados no epigrama, Albin Lesky atenta para um detalhe notável: há poetas mulheres de Lesbos, da Beócia e do Peloponeso, mas não da Ática. "Assim se manifesta uma posição diferente, mais livre, da mulher" nessas outras regiões, do que aquela "que conhecemos no mundo de Atenas".[19] A conclusão do helenista, em princípio possível, leva a outra: nas sociedades que geraram poetas mulheres, deve ter havido acesso a uma forma de educação feminina e abertura para a participação maior das mulheres na vida da comunidade, incluindo as de origem aris-

---

17. Bowman (2004, p. 10). A helenista discute as poetas mulheres, sobretudo aquelas que sucedem Safo nas eras clássica e helenística, nomeadas no epigrama em epígrafe a esta introdução, e seu lugar na tradição da poesia grega. Ver ainda, sobre o tema, e por vezes com visão algo distinta, De Martino (1991, pp. 17–75), Klinck (2008) e Ragusa (2020, pp. 113–136).
18. *Geografia* (13. 2. 3).
19. Lesky (1995, p. 210).

tocrática, como Safo; daí a provável aceitação do fazer poético exercido por uma mulher.

A circulação da obra de Safo, e de outras poetas mulheres mais tarde, parece apontar nessa direção, bem como o silêncio que ressoa da Ática, de Atenas, onde prevalecia, ao menos na era clássica, o confinamento das mulheres ao *oîkos*, "casa", espaço feminino por excelência na Grécia; salvo em ocasiões específicas, como um rito religioso-cultual ou grandes celebrações de transição – casamentos e funerais –, as mulheres atenienses não deveriam ser vistas, nem suas vozes ouvidas.[20] Na casa, talvez elas tivessem acesso à educação e mesmo à escrita, mas, à diferença do que teria ocorrido noutras partes do diversificado mundo grego, não haveria em Atenas condições, segundo o que se sabe, para que suas manifestações artísticas pudessem circular.

Nada disso pode ser afirmado com segurança, mas não é disparate imaginar que o acesso à educação aristocrática e a maior liberdade de ação e inserção social contribuíram e muito para que poetas mulheres tivessem condições de existir, como Safo,[21] cujas composições, como as dos demais poetas arcaicos e clássicos, tinham que ser, necessariamente, apresentadas em determinados modo e ocasião de *performance* – e dadas a celebridade e a variedade da mélica sáfica, não pode ter sido esta uma só, e nem limitada a grupos secretos de mulheres ou a segregada poesia feminina não atestados em parte alguma da Grécia, e contrariados pela influência de Safo na tradição poética em que beberam homens e mulheres poetas gregos.[22]

Lamentavelmente, não é fácil avaliar a condição feminina na Grécia antiga, menos ainda na era arcaica, e menos ainda na lés-

---

20. Para mais sobre a mulher ateniense, ver os estudos de Mossé (1991, pp. 49-61 e pp. 152-3) e Murray (1993, p. 41).
21. Diz Bennett (1994, p. 346): "Para tornar-se uma poeta, Safo teve de ser treinada, em expressão e composição, e nós naturalmente suporíamos que tal treino era aquele de outras meninas aristocráticas de Mitilene".
22. Ver crítica de Bowman (2004, pp. 5-6) a tal ideia da segregação, influente em certa crítica moderna, mas sem respaldo em qualquer evidência.

bia Mitilene, cuja especificidade, em qualquer de suas dimensões, escapa-nos quase que de todo. As evidências escritas ou iconográficas são muito escassas, mas não podemos deixar de mencionar que nos vasos atenienses que retratam figuras femininas associadas à escrita e/ou à leitura, estas são Safo – porque é a poeta de grande fama – e as Musas – porque são deusas. Essas imagens, em última análise, nada provam quanto à poeta – e outras mulheres aristocratas – no que concerne às habilidades da escrita e da leitura – as quais são separadas na Antiguidade, o domínio de uma não implicando automaticamente o da outra, lembra Susan G. Cole, limitando-se a leitura, sempre em voz alta, a poucos textos.[23] Na representação iconográfica, prossegue ela, os livros – na verdade, rolos de papiros – amparam a recitação, e não a "leitura solitária" e silenciosa; e nas imagens de mulheres, é típico o desenho de uma que lê para uma moça ou para um grupo feminino. Quando a leitora é Safo, diz Cole, a imagem quer antes celebrar a poeta, do que retratar "uma cena familiar ou tipicamente doméstica", até porque, ressalta, mesmo em vasos onde figuram cenas domésticas, além dos que trazem a poeta ou as deusas da poesia, jamais vemos mulheres escrevendo.[24]

Da busca de Safo, a mulher, e da formação da poeta, voltamos de mãos praticamente vazias – praticamente, porque podem carregar ideias plausíveis, não obstante inverificáveis. Da busca da Safo *lésbica*, à qual aludem os testemunhos tardios do papiro e do *Suda*, o que traremos nas mãos será um resultado semelhante, ou até mais esvaziado.

A condição de mulher poeta cujas canções têm na temática erótico-amorosa e no universo feminino suas linhas de força – canções estas lidas em chave *biografizante* já pelos antigos que nelas buscavam a substância da figura histórica para eles, como para nós, esvaecida – faz emergir a questão da sexualidade feminina e de seu exercício a partir da figura de Safo, amiúde reelabo-

---

23. Cole (1992, p. 220).
24. Cole (1992, p. 224).

rada em antigas e modernas tramas tecidas no correr dos tempos, desprovidas quase de historicidade atestada, mas inseridas na rede que se pretende explicativa da poeta e de seus textos. Judith P. Hallett[25] comenta as imagens que se formaram, sobretudo, do século IV a.C. em diante; e assim resume Glenn W. Most as díspares e desencontradas – não raro, extremadas – imagens de Safo:

> As várias fontes que fluíram juntas para criá-la creditaram-na com um marido, uma filha, muitos irmãos, numerosas amigas e companheiras (com as quais, ao menos segundo alguns relatos, ela teve relações sexuais), numerosos amantes, um homem que rejeitou as investidas de Safo, e um salto suicida de um penhasco. Em princípio, decerto, não há razão para que uma vida social tão variada e rica não tenha sido possível – embora se pudesse cogitar como, entre um e outro compromisso, Safo teria encontrado tempo para compor sua poesia [...] Mas tanta complexidade apresenta um desafio a qualquer um que tente imaginar um retrato coerente da vida de Safo, pois requer que elementos potencialmente divergentes sejam trazidos a uma relação plausível uns com os outros. Mais fundamentalmente, a recepção de Safo pode ser interpretada como uma série de tentativas de chegar a termo com a complexidade dessa gama de informações.[26]

Ora, a leitura dos modernos dessa intricada trama biográfica não foi, no mais das vezes, menos infeliz que a dos antigos. Most comenta, por exemplo, a dos românticos:

> *Condensando* numa única pessoa as muitas contradições com as quais a tradição tinha suprido Safo, inventaram uma figura intensamente paradoxal [...] A Safo romântica é a primeira que é, essencialmente, uma poeta – mas uma poeta romântica, insatisfeita com a realidade banal e lutando para alcançar a perfeição espiritual incompatível com a vida e somente alcançável às custas da morte.[27]

Em verdade, uma revisão das leituras modernas de Safo mostra que cada época, cada contexto histórico-social e cultural criou para si a imagem desejada da poeta; tal liberdade explica-se pela

---

25. Hallett (1996, pp. 125–7). Ao tratar das imagens da poeta, ela fornece as indicações das fontes antigas.
26. Most (1996, p. 14).
27. Most (1996, p. 20).

carência de conhecimento consistente sobre ela e sua vida na arcaica Mitilene – liberdade, diga-se ainda, criativa, que em sedutoras e intrigantes projeções pseudobiográficas, acabaram por ganhar mais atenção do que sua arte muitas vezes usada para alavancar tais projeções.

A imagem da Safo *lésbica* construiu-se nesse movimento, e ganhou fôlego na esteira de vogas na crítica literária – *gay studies*, *women studies* – que valorizam aspectos do entorno dos textos que passam a ser estudados de modo secundário, e não no primeiro plano, para sustentar a análise de tais aspectos. Nessa linha, certa leitura de Safo e de certa fatia de testemunhos sobre a poeta amparam a afirmação de que trata-se da primeira poeta *lésbica* do Ocidente, não porque seja filha da ilha de Lesbos, mas porque, segundo um olhar modernizante e romântico, Safo dividia seu leito com mulheres e por elas era tomada de paixão. Tal olhar desconsidera ou minimiza o fato de que o uso da poesia como história é, no mínimo, imprudente, e mais: de que a defasagem entre nós e os clássicos reside também no modo como percebemos a sexualidade, como bem sublinham os dizeres de Maria Fernanda Brasete:

Na antiga cultura grega, efectivamente, o relacionamento erótico entre pessoas do mesmo sexo – que hoje apenas conhecemos de forma fragmentária e indirecta, através de escassos documentos literários e iconográficos – parecia integrar, naturalmente, a vida dos membros de uma sociedade, que, talvez por essa razão, nunca criou um léxico específico para o designar, nem nunca o entendeu de um modo discriminatório ou em termos psico-morais. Mas falar de erotismo grego não é o mesmo que falar de sexualidade, porque, em primeiro lugar, não se trata de fenómenos atemporais e, por conseguinte, não podem ser descontextualizados das práticas sociais institucionalizadas numa determinada comunidade histórica.[28]

Digo certa leitura, porque há outros modos, mais seguros e coerentes com o que realmente sabemos do mundo antigo grego, de compreender a prevalência de meninas – e não mulheres – na

28. Brasete (2009, p. 292).

poesia erótica de Safo; e digo certa fatia de testemunhos antigos, porque naqueles que enfocam sua sexualidade, Safo é retratada no mais das vezes como promíscua e engajada em relações com homens. Vejamos.

A partir de Aristófanes (séculos V-IV a.C.) e da comédia clássica, pelo menos, a referência às mulheres de Lesbos e o uso de verbos como *lesbiázein* e *lesbízein*[29] conotavam luxúria e lascívia; em particular, diz Hallett, a prática da felação, que as lésbias teriam inventado[30] – algo sem qualquer respaldo histórico. A esse respeito, Gentili observa:

Já na segunda metade do século V a.C. – e seu uso é certamente bem mais antigo – as palavras *Lésbia* ou *moça de Lesbos* tinham a típica conotação de *fellatrix*, e não de *lésbica* no sentido moderno do termo. *Lesbís* e *lesbiázein* eram essencialmente peças de terminologia sociológica com um significado específico e inequivocamente erótico.[31]

Não há como precisar a razão dessa ligação das mulheres de Lesbos a práticas sexuais específicas, mas talvez isso se deva à fama da beleza incomparável e da sensualidade das mulheres da ilha, já atestada na *Ilíada*,[32] e/ou à intensidade erótica da poesia de Safo. Seja como for, a habilidade sexual atribuída às lésbias e a imagem da poeta parecem emanar, confundidas, no uso do adjetivo "lésbia" mesmo tarde, em Catulo (século I a.C.) – repare-se, sempre em contextos heteroeróticos, frisa Hallett.[33]

A despeito dessas ressalvas, *Safo de Lesbos* é designação que recorrentemente projeta em nosso imaginário certa Safo, a poeta *lésbica*. Essa projeção, cabe entender, vale-se do peso de Safo como referente. Jogada para a poeta, porém, não só carece de respaldo em evidências antigas, confiáveis e consistentes, mas resulta de uma percepção da sexualidade que em muito se dis-

---

29. "Agir como uma mulher de Lesbos".
30. Hallett (1996, p. 129).
31. Gentili (1990a, p. 95).
32. Canto IX, versos 128-30.
33. Hallet (1996, pp. 129-30). Ver ainda os estudos de Brasete (2003, pp. 17-26; 2009, pp. 289-303) e Ragusa (2019b, pp. 211-39).

tingue da dos antigos, como ressaltado na citação de Brasete anteriormente.

Repare-se, a propósito, que o adjetivo *lésbica* não existia na Antiguidade, tampouco o *lesbianismo* em sua concepção moderna. Volto a Brasete:

O sentido homoerótico que os adjectivos "sáfico" e "lésbico" hoje veiculam testemunham a ressonância que o nome da poetisa e o da sua terra natal produziram na cultura universal, onde a homossexualidade feminina passou a ser tradicionalmente designada pelo termo "lesbianismo", se bem que a custa de uma deformação semântica do termo originário. É que na Grécia antiga, Lesbos era uma ilha conotada com práticas sexuais promíscuas que, contrariamente ao que se poderia supor, não se circunscreviam a práticas homossexuais femininas que, por sua vez, também não eram exclusivas dessa zona. Apesar de a fama das mulheres lésbias estar muito mais relacionada com práticas heterossexuais, não foi fácil, para os autores antigos e modernos, dissociar a figura de Safo do tipo de relações amorosas que emergem da sua poesia, conotada, desde a época helenística, com o homoerotismo feminino.[34]

Não há, ademais, qualquer base com lastro mínimo na afirmação de que teria sido esta uma opção sexual da poeta que, enquanto sujeito histórico, é pouco mais, se tanto, do que uma neblina para nossos olhos, como já para os dos antigos. O termo *lésbica*, enfim, frisa Sue Blundell, "é uma invenção moderna" que passa a nomear "uma mulher homossexual no final do século XIX, como resultado da publicidade criada por uma controvérsia acadêmica em torno da sexualidade da própria Safo"[35] – polêmica esta estéril nos seus resultados. Lardinois precisa as datas em que, em língua inglesa, o adjetivo se verifica, a partir de 1890, e o substantivo *lesbianismo* – homossexualismo feminino –, primeiro em 1870, escrito com inicial maiúscula, em clara alusão à ilha de Lesbos; e ele indaga:

Será justificada a relação entre a ilha de Lesbos e o homossexualismo das mulheres? Existiriam razões para crer que Safo de Lesbos fosse uma 'lésbica'?

34. Brasete (2003, p. 17).
35. Blundell (1995, p. 83).

É essa a *grande questão sáfica* [...] que já era debatida na Antiguidade, mas os estudiosos ainda não foram capazes de chegar a um consenso. Provavelmente, jamais o consigam, não apenas porque as evidências sejam muito escassas, mas porque existe algo intrinsecamente errôneo na forma de colocar a questão.[36]

Concluindo seu estudo, afirma Lardinois:

Podemos concluir que, no caso de Safo, estamos, no máximo, diante de relacionamentos breves entre uma mulher adulta e uma jovem prestes a se casar. Chamar de *lésbicas* essas relações é um anacronismo. É impossível avaliar se a palavra se aplica à própria Safo ou à sua vida íntima. Na verdade, essa é uma questão sem sentido. Mesmo se, pelos padrões modernos, Safo devesse ser considerada lésbica, sua experiência deve ter sido muito diferente, vivendo, como viveu, em uma era diferente com diferentes noções e tipos de sexualidade.[37]

O grau elevado de complexidade da chamada *questão sáfica* é um alerta crucial a afirmações simplistas, como as que anunciam em Safo a primeira poeta (engajadamente) *lésbica* da literatura ocidental, servindo-se de modo igualmente simplista e redutor de sua poesia para provar a alegada verdade sobre a Safo histórica, quando é antes parte de sua recepção que, ao adotá-la para os anseios do dia, ajudam a manter Safo viva entre nós. Holt Parker declara:

O texto de Safo está em fragmentos [...] A linguagem é difícil, a sociedade, obscura. Voltamo-nos a manuais e comentários em busca de auxílio. Isso significa, porém, que chegamos a Safo já cegos pelas assunções largamente não examinadas de gerações prévias de estudiosos; e no caso de Safo, o acúmulo de assunções é profundamente milenar e inclui comédias gregas, romances italianos e pornografia francesa. O caso é pior com Safo do que com qualquer outro autor, incluindo Homero. Pois aqui não lidamos apenas com a literatura arcaica, mas com a sexualidade; os comentários são pesadamente carregados de emoção e de nossos preconceitos. Mais importante, estamos lidando com

---

36. Lardinois (1995, pp. 27-8).
37. Lardinois (1995, p. 50).

homossexualidade (ou melhor, o que construímos como homossexualidade) e sexualidade feminina.[38]

As considerações de Parker e Lardinois são de válidas, embora raras, lucidez e prudência, tanto mais se considerarmos que, segundo Blundell, em textos antigos, a única "clara alusão a um comportamento homossexual de uma mulher de Lesbos ocorre num diálogo entre duas prostitutas escrito pelo satirista Luciano, no século II d.C.", o *Diálogo das cortesãs*.[39] A alusão é clara, mas sua historicidade está comprometida pela natureza literária da fonte, mais do que isso, satírica e, portanto, distorcida pelos objetivos difamatórios desse gênero discursivo. Gêneros como a comédia e a sátira, nunca é demais frisar, valem-se com frequência da liberdade para tratar do sexo para fazer rir e, no caso do segundo, que visa ao riso dos cúmplices do satirista e à destruição do alvo de seu texto, da linguagem do vitupério.

Deve estar evidente, agora, o porquê do uso aqui de lésbia para adjetivar a origem geográfica de Safo, em vez de lésbica; igualmente, do uso de homoerotismo, em vez de homossexualismo e outros, dado que muito mal compreendemos a sexualidade entre as mulheres da Grécia antiga. Para esse assunto, as fontes são demasiado escassas, e problemáticas são as analogias com o abundante material do atestado homossexualismo masculino – que, diga-se logo, também não funciona entre os antigos como funciona no imaginário que com olhos modernizantes o contempla. Isso tudo está bastante bem explorado, documentado e analisado no estudo fundamental de Kenneth J. Dover, originalmente publicado em 1978.[40]

Reitero: as canções de Safo não são registros biográficos ou documentos de sua sexualidade, mas discursos poéticos em condição fragmentária, que compromete o alcance de nossas leituras, filiados a determinado gênero poético, o mélico, inseridos

---

38. Parker (1996, p. 149).
39. Blundell (1995, p. 82).
40. Dover (1994).

em certa tradição poética de linguagem erótica, e em geral plasmados no universo feminino. Estamos fadados a fracassar e a nos perder em especulações, se tentarmos explicar Safo e sua poesia a partir das características da vida cotidiana das mulheres em Lesbos, ou pela sua biografia, mesmo porque extraíam-na os antigos das canções de Safo, e sem qualquer constrangimento preenchiam as lacunas com narrativas que criavam segundo a verossimilhança, que é categoria discursiva.

Tendo a exposição feita até este ponto em mente, e passeando por versos de poetas que ou precederam Safo ou a sucederam, melhor entenderemos a similaridade tremenda entre as imagens, a linguagem e o tom de sua poesia por natureza tradicional, genérica e de *performance*. Bem a ilustram seus fragmentos eróticos e os versos marcados pelo erotismo em Hesíodo (ativo em *c.* 700 a.C.), Arquíloco (*c.* 680–640 a.C.), Íbico (ativo em *c.* 550 a.C.) e Eurípides (*c.* 482–406 a.C.). Eis uma pequena amostragem de como, no registro erótico de gêneros, poetas e tradições distintos, é semelhante a linguagem para falar da paixão erótica, do desejo nas traduções possíveis para o grego *éros* que, longe de nomear o amor romântico, designa a força controlada por Afrodite – mesmo na forma do deus Eros, sempre a ela subordinado. Essa força, segundo seus desígnios, toma de assalto sua vítima e se apodera de seu corpo e de sua mente, como "uma invasão, uma doença, uma insanidade, um animal selvagem, um desastre natural", que vem a "provocar o colapso, consumir, queimar, devorar, exaurir, entontecer, picar, aguilhoar, [...]", resume Anne Carson.[41]

« TEOGONIA », HESÍODO
(Poesia didática)

[...] Eros: o mais belo entre imortais deuses,

deslassa-membros, de todos os deuses e de todos os mortais
ele doma no peito a mente e o prudente desígnio.[42]

41. Carson (1998, p. 148).
42. Tradução minha. Edição: West (1988), versos 120-2.

[...] Eurínome gerou as três Cárites de belas faces – ela,

    a menina de Oceano, de mui amável forma:
Aglaia, Eufrosine e Talía amorável:
de seus olhos, quando fitam, goteja o desejo
deslassa-membros, e de sob sobrancelhas belamente fitam.[43]

FRAGMENTOS 193 E 196 W, ARQUÍLOCO[44]
(Poesia jâmbica)

    mísero jazo com desejo,
exânime, por dores atrozes – vontade dos deuses –
trespassado até os ossos.

Mas o desejo deslassa-membros, ó companheiro, doma-me

FRAGMENTO 287, ÍBICO[45]
(Poesia mélica)

Eros, de novo, de sob escuras
pálpebras, com olhos me fitando derretidamente,
com encantos de toda sorte, às inextricáveis
redes de Cípris me atira.
Sim, tremo quando ele ataca,
tal qual atrelado cavalo vencedor, perto da velhice,
contrariado vai para a corrida com carros velozes.

« HIPÓLITO », EURÍPIDES[46]
(Tragédia)

Eros, Eros que nos olhos

---

43. Versos 907–11.
44. Tradução minha. Edição: West (1988).
45. Tradução: Ragusa (2010, p. 650; ver estudo às pp. 480–507). Edição: Davies (1991). Cípris é um dos outros nomes de Afrodite.
46. Tradução: Oliveira (2010), em edição bilíngue que segue o texto grego de Barrett (1992). Os versos são a parte inicial do canto do coro de mulheres conhecido como "Ode a Eros".

destilas desejo, incutindo doce
prazer n'alma dos que atacas,
que jamais me apareças com dano
nem venhas desmedido.
Pois nem dardo de fogo e nem dos astros é forte 530
como o de Afrodite, que atira das mãos
Eros, filho de Zeus.

Em vão, em vão às margens do Alfeu 535

e na morada pítica de Febo
bovinos sacrifícios prodigaliza a terra heládica,
se não veneramos Eros,
o soberano dos homens,
claviculário da deleitosa alcova de Afrodite 540
exterminador que atira os mortais
em todos os desastres quando vem.

Nos fragmentos de Safo, o leitor decerto perceberá os ecos intensos dessas linguagem e imagens sobre a paixão erótica, da qual lançam mão reiteradamente os poetas gregos, como mostra a seleção citada. Esse movimento é característico da prática genérica de composição dessa poesia de tradição oral, que lida sobretudo com motivos consolidados e embasados em percepções mantidas pela repetição, pelo seu retomar por vezes incrementado em escolhas estilísticas que parecem singulares a um ou outro poeta – parecem, é prudente dizer, em vista de nosso magro *corpus* de textos, a partir do qual afirmar a inovação é um risco.

Confrontados com os versos que reproduzi de Hesíodo, de Arquíloco, de Eurípides, poetas homens de gêneros poéticos distintos, os fragmentos de Safo que envolvem a temática da ação da paixão sobre sua vítima e a concepção sobre *éros* não se distinguem deles a ponto de tornar sustentável o argumento questionável de uma "literatura feminina"; ao contrário, ecoam versos dos dois primeiros poetas, e ressoam nos do terceiro, pois trabalham com suas imagens e, se lhes acrescentam outras, aparentemente singulares à poeta lésbia, fazem-no calcados num tratamento da temática referida que não se pode dizer masculino, nem feminino, mas tradicional. Também por esse, além dos demais motivos antes levantados, é tão complicado inferir, a partir da leitura das canções em que o *eu* – nem sempre identificável para além de uma voz em primeira pessoa do singular – acontece de ser feminino e de se relacionar a figuras femininas eroticamente, que Safo seja *lésbica*, que represente a "literatura homossexual" – algo demasiado modernizante e anacrônico, em se tratando dos poetas antigos (homens ou mulheres).

O recorte de um universo que é distintamente feminino no *corpus* preservado de sua poesia, inclusive a de caráter intensamente erótico, se pensado no contexto da Grécia arcaica, leva-nos para mais perto da Safo que naquele mundo produziu suas canções, e pode nos dar a vislumbrar, em meio às brumas, a poeta que tanto marcou o imaginário, em vez das ficções que nele a partir dela se criaram, e que nos são mais próximas, falando a língua de nossos tempos. Estas são importantes, porque ajudam a manter viva a memória daquela. Como estudiosa dedicada àquela Grécia, porém, é aquela Safo que busco fazer emergir desta antologia, nos limites inerentes ao objeto, que tenho ressaltado no andamento destas linhas. No mundo de Safo, como na Grécia antiga em geral, estavam cindidos o universo masculino e o feminino, e Jan N. Bremmer observa que mesmo as relações heterossexuais no casamento eram distanciadas. Conclui o helenista: "Dificilmente foi por acaso que o homossexualismo moderno", que, em largos termos, impõe a rejeição ao heterossexualismo, "se desenvolveu na mesma época em que a relação heterossexual no casamento adquiria um caráter muito mais íntimo".[47] Na Grécia, prossegue Bremmer, evidências literárias e iconográficas – vasos atenienses da segunda metade do século VI a.C., "que circulavam nos banquetes aristocráticos"[48] – "mostram que as relações homossexuais normalmente ocorriam só entre adultos e

47. Bremmer (1995, p. 24).
48. Bremmer (1995, pp. 20–21).

rapazes",[49] sendo "um aspecto estabelecido do caminho de um rapaz rumo à idade adulta".[50] E frisa Bremmer que tais relações não implicavam a rejeição "do contato heterossexual", necessário à procriação e à continuidade das linhagens e das comunidades, mas eram vivenciadas no mundo dos homens, nitidamente distinto do mundo das mulheres.[51]

Ao falar de *éros* numa linguagem tradicional e a partir de uma concepção reafirmada na poesia de temática erótica, Safo segue as práticas poéticas de seu tempo e lugar histórico, viabilizando assim a circulação de sua poesia que por todos poderia ser fruída. É decerto nesse sentido que devemos tomar uma conhecida frase – na verdade, um verso hexamétrico – do poeta latino Horácio (século I a.C.), numa *Epístola*:[52] "Regula a Musa pelo pé de Arquíloco a máscula Safo",[53] ou seja, a poeta lésbia regulou seus ritmos pelos de Arquíloco, numa compreensão possível de um verso controverso. A rigor, porém, estudos métricos mostram que a tradição lésbio-eólica é mais antiga que a jônica, de que se vale Arquíloco, e que a dórica.[54] Mas talvez possamos, apoiados nos versos dos dois poetas arcaicos, pensar a ideia do ritmo em termos mais amplos: a linguagem e as imagens que Safo emprega no tratamento da paixão são as mesmas que encontramos em Arquíloco e em outros poetas homens, antes ou depois dela. E quanto à conhecida expressão "máscula Safo", a primeira das duas explicações oferecidas por Porfírio (século III d.C.), comentador de Horácio, de que a poeta foi excelente na poesia em que homens mais

---

49. Bremmer (1995, p. 12).
50. Bremmer (1995, p. 12). Ao menos, na visão externa dessas relações; da interna, pouco se pode dizer, lembra Bremmer (p. 20).
51. Bremmer (1995, p. 26) ainda observa que era, porém, a "relação pederasta que transformava o rapaz em um verdadeiro homem" – pois se voltava ao benefício do ensinamento intelectual e social do jovem, e não apenas ao benefício do prazer sexual ao adulto – e abria as portas para o universo da "elite social".
52. 1. 19. 28.
53. Agradeço ao colega latinista Prof. Dr. Marcos Martinho dos Santos (USP) a discussão sobre esse verso e sua tradução.
54. Ver o estudo de West (1973, pp. 179-92).

amiúde se destacam, é, decerto, aquela que pode ser entendida coerentemente e com respaldo vasto e sólido das práticas poéticas antigas testemunhadas na composição dos textos sobreviventes. A segunda, de que Safo foi difamada como dissoluta tríbade – termo grego de que se vale o comentador, que significa mulher homossexual ou *lésbica* – é de pouca valia, inclusive para a compreensão do verso epistolar horaciano, conduzindo-nos para longe de sua poesia e do fazer poético de que resultam suas canções, e para perto das ficções de Safo e de ansiedades de nosso tempo.

A MÉLICA DE SAFO

Melhor é, portanto, ir para perto da obra da poeta lésbia, como espero que esta antologia evidencie aos que creem conhecer Safo, mas talvez tenham se perdido nas tramas lendárias em que foi enredada, antes mesmo de chegar às ruínas da matéria viva que resta da poeta, de um sopro quente e fragrante que os séculos não abafaram.

No começo desta introdução, observei o fato de que o gênero poético praticado por Safo é o que os antigos chamavam simplesmente "canção" (*mélos*,[55] *âisma, oidé*) – daí a designação *mélica* – e que se destinava à *performance* ao som da lira, daí *lírica* em acepção específica, termo mais tardio, em circulação da era helenística (323–31 a.C.) em diante. A propósito desses nomes, Rudolf Pfeiffer afirma: "Em tempos modernos, toda a poesia não épica e não dramática é usualmente chamada lírica. Mas os antigos teóricos e editores faziam a distinção entre, de um lado, poemas elegíacos e jâmbicos, e, de outro, mélicos".[56] Mélica, prossegue, designava o "verso que era cantado para a música e, muito

---

55. Termo mais usado nos períodos arcaico e clássico. O sentido primeiro de *mélos* é "membro" do corpo, daí "membro musical, frase" e "canção" (palavra, melodia e ritmo), na compreensão explicitada na *República* (398c), de Platão (séculos v–iv a.C.). Budelmann (2009, p. 2) lembra que *mélos* é bastante usado pelos próprios poetas arcaicos "com referência a suas composições".
56. Pfeiffer (1998, pp. 182–3).

frequentemente, a dança, e era composto de elementos de ritmos e tamanhos variados": *mélos* era, na literatura grega arcaica, o poema; o poeta, *melopoiós* – o "fazedor de canções", literalmente – ou mélico; o gênero, mélica ou poesia mélica. Ainda segundo Pfeiffer, tais nomes "permaneceram usuais em mais tardias pesquisas sobre a teoria poética e a classificação da poesia", mas "líricos" era o termo que designava os autores "em referências a edições de textos e em listas de 'fazedores' "; e do século I a.C. em diante, *lírica* sobrepõe-se a *mélica* para designar a canção cantada ao som da lira, o instrumento mais importante de seu acompanhamento, e os latinos acabaram por adotar o primeiro, a despeito do uso ocasional do segundo.

Como se vê, o modo de *performance* nomeia o gênero; mas o que mais o caracteriza? O canto solo, ou em coro, com o acréscimo de outros instrumentos e da dança, a configurarem um espetáculo. Na métrica, em estrofes mais breves e menos complexas na modalidade monódica do que na coral. No conteúdo daquela, grande variedade de temas – principalmente os vinculados à vida cotidiana na *pólis*, a eventos de um passado recente, à experiência humana, sempre em relação direta com a voz poética –, formas e linguagem, enquanto na coral e seus subgêneros são comuns a celebração, a narrativa mítica e o canto de autorreferência à *performance* em execução pelo coro. Não são mais estas palavras do que uma síntese para dar uma ideia de um cenário mais complexo.

Considerando que as composições da mélica grega arcaica "estavam destinadas, desde o início, à execução pública ou privada, e constituíam por definição uma poesia *de* e *para* a voz", Gustavo Guerrero afirma decorrer daí que

apareça dominada por um maior traço – o caráter circunstancial do discurso – de literatura oral, que reflete a relação direta do texto com um local e um momento precisos, um espaço e um tempo ritualizados [...]; daí os índices textuais de um discurso situacional, que se expressam através do uso de certas figuras pronominais e de marcas do presente, signos que traduzem a interação geral entre o sujeito da enunciação e seus destinatários.[57]

Inserida e movida "culturalmente no seio de um sistema de comunicação oral", a mélica se concretizava, "portanto, numa prática artística performática", conclui Guerrero.[58] Carecemos, porém, de informações que permitam uma reconstrução clara e precisa de sua *performance*, entre as quais, as relativas à música, que logo se perdeu. No que se refere à mélica monódica, lembra Giovan B. D'Alessio que se destinava à apresentação "em contextos mais próximos aos da comunicação espontânea, face a face"; logo, nela "espera-se grau maior de imediatismo".[59]

Recompondo minimamente o quadro, haveria para a canção solo várias audiências e ocasiões de *performance* possíveis, com destaque para o simpósio, central também para gêneros como a elegia e o jambo; como anota Massimo Vetta, no mundo grego de até meados do século V a.C., em que não estava previsto "um público de leitores", o simpósio

é o lugar de conservação e evolução da cultura 'literária' relativa a todos os temas que resultam alternativos ao interesse ecumênico do *epos* e à ambientação exclusivamente pública do canto religioso oficial e da lírica agonística [temas estes muito trabalhados na elegia, no jambo e na mélica monódica].[60]

Entenda-se por simpósio o que Pauline Schimitt-Pantel define, em sentido restrito e etimológico, como o "momento, após a refeição, em que todos passam a beber", e, em sentido mais amplo e corrente, "uma prática, de beber junto, e uma instituição" que "é a expressão do modo de vida aristocrático" dos homens na *pólis*.[61] O simpósio é, portanto, coletivo do ponto de vista do

---

57. Guerrero (1998, pp. 20–1).
58. Guerrero (1998, p. 21).
59. D'Alessio (2004, p. 270).
60. Vetta (1995, p. XIII).
61. Schimitt-Pantel (1990, p. 15).

evento, mas restrito do ponto de vista da classe e do gênero;[62] e era pautado por um "código rígido e próprio de honra", ressalta Oswyn Murray, visando garantir a moderação, caminho para a harmonia essencial à atmosfera *simposiástica*.[63]

No andamento do evento, o beber era privilegiado e, por isso, tornou-se altamente ritualizado. A *(re)performance* amadora ou profissional da poesia, pelo poeta ou não, tinha lugar em meio a essa fase, e o simpósio acaba por exercer um papel fundamental na sua preservação e difusão. Relaxados, sorvendo o vinho, os gregos ouviam e cantavam e/ou recitavam elegias, trechos dos poemas homéricos e, claro, exemplares da mélica, competindo uns com os outros, e demonstrando a habilidade e desenvoltura esperadas de sua formação aristocrática. E poderia haver versos em que o *eu* poético fosse de uma mulher, admitindo-se, no contexto, a representação de um papel feminino.[64] Nesse sentido, mais uma vez, não haveria obstáculo às canções de Safo em que a primeira pessoa do singular é feminina. E não por acaso se diz ser o simpósio uma ocasião bastante adequada ao caráter mais informal e privado que, nela construído discursivamente, emana da mélica monódica; mas Most ressalta:

[...] a aparente privacidade da canção monódica não é do individual espontâneo, introspectivo, mas, antes, do pequeno grupo fora do qual o sujeito grego arcaico mal pode ser concebido. [...] Por sua própria natureza, portanto, centra-se nas relações pessoais entre um poeta individual e outro membro de seu grupo de amigos, ou entre ele e o grupo como um todo, ou ainda entre ele e indivíduos de fora desse grupo. [...] Logo, em geral, a poesia monódica tem dois modos principais: erótico para com os de dentro do mesmo grupo, de invectiva, contra os de fora.[65]

---

62. A presença feminina limitava-se às tocadoras de *aulo*, instrumento de sopro, às dançarinas – normalmente *heteras*, espécie de cortesãs –, e às servidoras de bebida.
63. Murray (1990, p. 7).
64. Ver Bowie (1986, pp. 16–7).
65. Most (1982, p. 90).

O simpósio é mais voltado ao "mundo do privado", frisa Schimitt-Pantel, menos formal e oficial do que o festival próprio à *performance* da canção coral; nem por isso, todavia, deixa de ser público e ritualizado.[66] Na "tentativa de generalização", Most diz sobre a *performance* e função da mélica monódica, que essa poesia era apresentada em ocasiões informais, para pequenos grupos ligados por laços de amizade e interesse comum, e cumpria a função social de unir esses grupos em todos coesos e separá-los ou colocá-los em oposição a outros grupos numa mesma cidade.

A mélica nas modalidades solo e coral está representada no *corpus* sobrevivente de Safo, que conta ainda com ao menos um fragmento de narrativa de caráter *epicizante*.[67] Falemos um pouco mais da canção coral.

Feita para a apresentação no festival cívico-religioso, patrocinado pelos governos e aristocracias das *póleis*, no qual se desenvolviam muitas atividades – como o *agón* ou "competição" para cada gênero poético, para a música e para o corpo (os jogos) –, a canção coral tinha no poeta o compositor das palavras e da música, e o mestre do coro de cidadãos, que, liderado por um de seus membros, cantava e dançava ao som dos instrumentos.

Nessa atmosfera festiva e de celebração pública e coletiva, o canto tinha por "tônica dominante", frisa Herington, "o *prazer*, humano e divino", pois eram homens e deuses homenageados a um só tempo.[68] Mas, para além do festival, também podiam servir de ocasião à *performance* da mélica coral os grandes funerais e as grandes bodas. São notáveis nessas três ocasiões a ideia da solenidade, o caráter cultual e a comemoração em chave de elogio; e esses três elementos permeiam a construção das canções corais, refletindo-se em sua linguagem altamente elaborada em registro elevado, em seu forte componente mítico, no canto autodramático do coro, e nas máximas de tom ético-moral que pontuam

---

66. Schimitt-Pantel (1990, p. 25).
67. Não sabemos se coral ou solo na *performance*
68. Herington (1985, p. 6).

seus versos, a (re)validar e reiterar valores e ensinamentos compartilhados pela comunidade, pela audiência, pelos *performers*, pelo poeta cuja voz ganha dimensão mais pública do que privada, na medida em que sua poesia, diz Most, "tem papel vital na autoconsciência pública da cidade".[69] Lembremos que, no universo grego, "participar de uma *performance* coral ou assisti-la desempenhavam um papel central na vida cultural e musical", frisa Laura Swift.[70] E a canção coral era apresentada em múltiplas ocasiões de distintas naturezas e amplitudes, por toda a Grécia, em cujas cidades demarcava "os momentos mais significativos da vida de indivíduos e da comunidade, de casamentos, a funerais, a celebrações religiosas cívicas".[71] Por conta disso, desde a infância os gregos (homens e mulheres) eram expostos ao treinamento para a *performance* coral – canto, dança e o tocar de instrumentos –, que se inscreve nas dimensões política, cultural, ritual, social e cultual da vida cotidiana, e na dimensão da *paideía* grega, "a educação em amplo sentido", como ressalta Anton Bierl.[72]

As composições de Safo, volto a afirmar, são canções, mais precisamente, fragmentos de algo mais próximo do que chamamos "canção" do que daquilo que chamamos "poema", retirada do primeiro termo a ideia moderna da prevalência da música sobre o texto, ou de uma relação de paridade entre ambos, diz a advertência de Guerrero,[73] uma vez que, na era arcaica, completa Eric A. Havelock,

a melodia permaneceu serva das palavras, e seus ritmos foram moldados para obedecer à pronúncia quantitativa da fala.[74]

A poesia grega antiga, cabe recordar, não se escandia por acento, mas por duração breve ou longa de pronúncia da sílaba, o que já lhe confere, pela natureza de seus metros, uma sonoridade

69. Most (1982, p. 94).
70. Swift, (2010, p. 1).
71. Swift, (2010, p. 2).
72. Bierl (2011, p. 417).
73. Guerrero (1998, p. 18).
74. Havelock (1996, p. 132).

bem ritmada. Em Safo, até onde permite afirmar seu *corpus* preservado, há canções majoritariamente de estrofes breves, de variados temas, linguagens, tons e metros – estes, um elemento de destaque em sua mélica, nortearam a organização de sua obra na Biblioteca de Alexandria. Permanecem, contudo, problemáticas sua audiência, sua ocasião e seu modo de *performance* presumivelmente com participação da própria poeta, na Mitilene arcaica, e de seu grupo de *parthénoi*, em festivais cívico-cultuais públicos e em cerimônias de casamento, ocasiões valorizadas no estudo de Franco Ferrari.[75] Diga-se, nas palavras de Giulia Sissa,[76] que a *parthénos* se define "por idade e estatuto marital", e é um "estágio pelo qual toda mulher passava na rota rumo à completa integração social" pelo *gámos* (casamento). A *parthénos* é, pois, aquela que chegou ao amadurecimento sexual indicado pela menarca, ao florescer da feminilidade. Como diz Mary Lefkowitz,[77] "o principal papel da mulher na sociedade antiga" era desempenhado pela *gyné*, a "mulher adulta": o de ser esposa e mãe; daí o interesse e a atratividade da *parthénos*, cuja energia vital deve convergir para o mundo do *gámos* que a institucionaliza socialmente e que lhe confere, uma vez consumado, um lugar social definido na condição de *gyné*. Daí o fascínio da figura da *parthénos*, cujos principais cantores são decerto os mélicos Álcman, poeta ativo na Esparta de c. 620, famoso pelas canções para coros de virgens (*partênios*) e Safo. No mundo da coralidade e como *khorodidáskalos*, "mestra do coro", equiparada à líder das Musas,[78] vislumbra-a um epigrama anônimo que a insere no famoso templo lésbio de Hera,

---

75. Ferrari (2010) se baseia nas novas reflexões a que levaram os avanços nos estudos de *performance* e a descoberta do novo fragmento da poeta ("Canção sobre a velhice"), em 2004, que nos fez reavaliar a coralidade em Safo e a natureza coral de sua associação de *parthénoi*. Ferrari traz um olhar fresco ao aproximá-la de Álcman, o poeta dos partênios – canções para coros de virgens – atuante na Esparta de c. 620 a.C. Ver ainda Ragusa (2019a, pp. 85–111; 2019b, pp. 211–39).
76. Sissa (1990, p. 76).
77. Lefkowitz (1995, p. 32).
78. Bela Voz ou Calíope.

em que, segundo Alceu,[79] contemporâneo da poeta em Lesbos, havia concursos anuais de beleza em homenagem à deusa:

> Vinde ao sacro recinto esplêndido de Hera de olhos de touro,
>   ó lésbias, os delicados passos dos pés rodopiando;
> lá, belo coro à deusa firmai; a vós liderará
>   Safo, nas mãos tendo a áurea lira.
> Felizes – vós! – no regozijo da dança; sim!, doce hino
>   pensareis ouvir, da própria Calíope![80]

Se olharmos para a canção poética, seus temas mais recorrentes e a inserção da primeira pessoa do singular, e para a canção popular – algumas do universo grego nos foram transmitidas –, perceberemos as origens pré-literárias da mélica. Afinal, o canto é uma forma de expressão verbal própria do homem, e a canção popular é "atributo quase universal de sociedades tradicionais", frisa Bowie.[81] Lesky comenta as formas pré-literárias da mélica: cantos de culto aos deuses, de lamento ou de celebração nos "momentos culminantes da vida e da morte" ou de acompanhamento do trabalho nos teares, na colheita das uvas, ou ainda de queixas pelo sofrimento amoroso.[82] Esses cantos ligam-se ao ritmo do cotidiano e às festividades das comunidades envolvidas na sua *performance*. Note-se, enfim, que boa parte da música entoada pelas personagens épicas da *Ilíada* e da *Odisseia* ilustra as formas lembradas por Lesky, e, por conseguinte, relaciona-se principalmente à mélica arcaica e a suas espécies.

Em síntese, a mélica é um gênero de evidentes raízes encravadas em tradições populares, visíveis em subgêneros como o epitalâmio ou canção de casamento, que muito pode nos contar, tomada junto a outras fontes escritas e iconográficas, sobre a cerimônia da boda. Segundo Cecil M. Bowra, com variações impostas por tradições locais, os epitalâmios apontam caracterís-

---

79. Fr. 130B, traduzido em Ragusa, 2013.
80. *AP* IX, 189.
81. Bowie (1984, p. 3).
82. Lesky (1995, pp. 133–4).

ticas gerais: o banquete inicial na casa do pai da noiva; os sacrifícios aos deuses do casamento na festa; a noiva, escondida por um véu, sentada junto às outras virgens, aguardando a apresentação ao noivo, feita por parentes e amigos dela; a procissão que acompanhava os noivos a seguirem em carruagem rumo à nova morada; a condução dos noivos ao aposento nupcial, para consumar a boda, condução esta feita pelos amigos de ambos, com danças, cantos, brincadeiras e tochas, visando amenizar a tensão dos noivos – em geral, estranhos um ao outro – e propiciar sua união. Aliás, a temática dos epitalâmios varia entre a solene, quando centrada na procissão da carruagem dos noivos, jocosa, quando na condução deles ao leito, ou elogiosa, quando na aparência física dos noivos de modo a estimular a atração entre eles, passo importante à sua necessária união sexual.[83]

Como se percebe, a execução dos epitalâmios tende a ser sobretudo coral, dado que reforça seus elos com a tradição popular; e no caso dos fragmentos sáficos dessas canções, anota Lesky,

[...] vemos como a poesia popular tradicional é captada em toda a sua frescura e espontaneidade, por uma grande poetisa que, no âmbito de sua arte, a modela em composições que alcançam uma forma perfeita, sem perderem o encanto daquilo que surgiu do povo.[84]

Considerados os epitalâmios sáficos, bem como o já referido fragmento de narrativa mítica,[85] neles encontramos uma poesia menos "pessoal", que mais "pública" se afigura e, por isso mesmo, bem menos propícia à tão frequente leitura romântico-biografista do *corpus* de Safo, a qual, voltando-se aos outros fragmentos, sobretudo aos mais famosos,[86] insiste em tomar por íntima, pessoal e privada a voz de seus versos, nos quais ela se revela "a maior mestra em pseudointimidade", nas palavras de Ruth Scodel, dando-nos amiúde os seus poemas "uma impressão extra-

---

83. Bowra (1961, pp. 214-8).
84. Lesky (1995, p. 168).
85. "As bodas de Heitor e Andrômaca".
86. Fragmentos 1, 2, 16, 31, 94, 96.

ordinariamente exitosa de terem sido compostos para ela e suas amigas" – impressão que "por vezes ela manipula".[87] A temática erótico-amorosa – uma de suas linhas de força –, a autonomeação pela qual se faz a autodramatização da poeta como *persona*, a força da primeira pessoa do singular, o caráter aparentemente intimista, as numerosas figuras femininas contempladas em chave erótica –, tudo isso estimula aquela referida. Mas tais elementos, incluindo o homoerotismo, mais coerentemente devem ser pensados, como se tem argumentado após a descoberta da "Canção sobre a velhice", no âmbito da coralidade e das associações corais femininas, atestadas com evidências consistentes pelo mundo arcaico afora.[88]

Nelas, as *parthénoi*, as moças não casadas, recebiam a formação – *paideía*– feminina específica, que incluía a *khroreía* ou "atividade coral" – canto, dança, música –, a reafirmação de valores ético-morais e o conhecimento da tradição mítica – elementos de força nas composições da mélica coral em geral –, a preparação para o *gámos* no exercício da sensualidade, do erotismo, internamente ao universo feminino. A formação do grupo de meninas, sublinha Christina Clark,[89] era parte integral de um "processo que inculcava responsabilidade cívica, valores sociais e tradições [...] codificados na *performance* que servia para integrar o indivíduo do sexo feminino em seu contexto social".

No que tange ao biografismo e à simplista equiparação poeta-*persona* aos quais tão bem se prestam as canções da mélica sáfica forjadas, pela habilidade retórica, para serem percebidas como intimistas, pessoais e privadas, há que reafirmar: se a iden-

---

87. Scodel (1996, p. 77).
88. Ver estudos indicados à nota 75 e ainda Lardinois (1994, pp. 57–84; 1996, pp. 150–72). Todos tratam da relação das meninas e de sua líder, Safo, a partir da ideia da coralidade e das associações corais em que se dava a *paideía* feminina, atestadas no mundo arcaico. Tal formação, sentido do termo grego, era conduzida por uma mulher adulta, e tinha no casamento uma de suas orientações, bem como na formação ético-moral e nas atividades femininas, no cantar e no dançar, nos ritos e em outros âmbitos.
89. Clark (1996, p. 144).

tificação é problemática, a separação radical também o é; na verdade, há que reconhecer certa medida de proximidade e outra de distância entre o *eu* do poeta e o de seus versos. Qual medida? Eis o enigma próprio da natureza poética dos textos; arriscar responder à esfinge, em se tratando dos poetas antigos, cujas figuras nossos olhos bem mal alcançam, é deixar devorar-se a frágil matéria que deles nos foi transmitida pela especulação e pela simplificação.

Vale reiterar que a relação na poesia entre a primeira pessoa do singular de um poema e o sujeito empírico do poeta é, desde o século XIX, um dos grandes nós no estudo da elegia, do jambo e da mélica arcaicos,[90] mas que o biografismo é corrente entre os antigos, que alimentavam a imagem dos poetas tão admirados quanto desconhecidos a partir de seus poemas, agindo esses estudiosos como "poetas da ficção biográfica", sintetiza Diskin Clay.[91] Como bem resume Simon R. Slings, todavia, as modernas teorias sobre a poesia "lírica" pressupõem a leitura; mas a "lírica" grega arcaica e clássica destinava-se à *performance* perante uma audiência, em dada situação e de certo modo que se relacionavam

---

90. Ver Slings (1990, pp. 1–30). Corrêa (2009, pp. 31–93) discute, com indicação de bibliografia pertinente, os trabalhos de Fränkel (1975; 1ª edição 1951) e Snell (2001; 1ª edição 1955), da "escola Fränkel-Snell", de caráter romântico-hegeliano; também Ragusa (2005, pp. 23–44), com o foco em Safo.

91. Clay (1998, p. 10). Não por acaso "a separação entre poeta e *persona* chegou tarde e com grande dificuldade", prossegue ele (p. 16), tendo sido o latino Catulo (século I a.C.) o primeiro poeta a clamar por tal separação, num protesto poético em chave de virulenta vituperação de tradição jâmbica, o que, portanto, compromete a argumentação. Cito o Poema 16 (tradução Oliva, 1996): *"Meu pau no cu, na boca, eu vou meter-vos,/ Aurélio bicha e Fúrio chupador,/ Que por meus versos breves, delicados,/ Me julgastes não ter nenhum pudor./ A um poeta pio convém ser casto/ Ele mesmo, aos seus versos não há lei./ Estes só têm sabor e graça quando/ São delicados, sem nenhum pudor,/ E quando incitam o que excite não/ Digo aos meninos, mas esses peludos/ Que jogo de cintura já não têm/ E vós, que muitos beijos (aos milhares!)/ Já lestes, me julgais não ser viril?/ Meu pau no cu, na boca, eu vou meter-vos".* As questões que se impõem, insolúveis, são: quem fala aqui? Catulo ou seu *eu* poético? Quão identificados estão um e outro? E quanto pesa na linguagem o gênero com o qual dialoga o poema, o jambo, de vituperação, de ataque aos inimigos, de sarcasmo e de sátira?

ao gênero – por conseguinte, à linguagem, à matéria e ao metro –
do poema apresentado de viva voz. Assim, o poeta grego arcaico,
"precisamente porque é o causador de uma experiência estética,
é, em certa medida, despersonalizado":

> Se olharmos para o problema desse ângulo, tornar-se-á claro, de imediato, que a oposição Eu ficcional x Eu biográfico é, na verdade, uma simplificação irresponsável. O Eu é o Eu do *performer*, que se move através de um *continuum* no qual o Eu biográfico e o Eu ficcional são os dois extremos: na maior parte do tempo, ele não é nenhum deles.[92]

EM SÍNTESE: SAFO, SUA MÉLICA E O CORO DE VIRGENS

Resumo o cenário para Safo e sua mélica. Esta, como toda a poesia grega, tem por principais ocasiões de *performance* os festivais cívico-cultuais públicos e o simpósio. Este, para as canções de Safo, destina-se à *reperformance*, e não à apresentação original da poeta, porque é, como se disse, eminentemente masculino. Isso significa, porém, que, na dramaticidade inerente à "cultura da canção", o cantor de sua poesia no simpósio assumia o papel do *eu* feminino, quando feminina fosse a voz da canção. Mais seguras como ocasiões de *performance* da mélica sáfica são o festival público cívico-cultual e a festividade de casamento. Ferrari sublinha nos fragmentos da poeta as indicações nesse sentido:

> [...] as referências a vigílias noturnas, templos, bosques sacros, altares, sacrifícios, cantos, danças, instrumentos musicais, grupos corais, mantos, guirlandas, parecem organicamente reconduzir ao âmbito das festividades cerimoniais nupciais, ritos em honra de Afrodite, Adonias, hinos a divindades no espaço sagrado de um templo (Afrodite, Nereidas, Hera, Ártemis), competições de beleza – que de vários modos e com várias funções animavam a vida comunitária de Mitilene [...] e da ilha de Lesbos.

Internamente à festa, vemos a ativação de duas distintas modalidades comunicativas: de um lado, canções geralmente corais dotadas de uma função especificamente pragmática e portanto destinadas a es-

---

92. Slings (1990, pp. 11–12).

candir momentos significativos do evento comunitário; de outro, composições monódicas (mas com possível acompanhamento de dança) ou corais que se correlacionavam a emoções, situações, contatos que interessavam a Safo e suas adeptas e que dos eventos cruciais da relacionada ocasião ritual podiam configurar uma espécie de regência por meio de instrução, comandos e sugestões.[93]

As canções de Safo são dirigidas a seu grupo feminino de *parthénoi*, as moças ou meninas. Isso que foi reforçado pela "Canção sobre a velhice", como o foi a coralidade, já se via nos seus fragmentos, na frequência impressionante de termos como *kórai*, *parthénoi*, *paîdes*, que, para além de nomes de figuras femininas, fazem das meninas, "com toda probabilidade, o assunto da maior parte da poesia de Safo", sublinhava Lardinois.[94] A propósito dessa coralidade feminina, Lardinois afirma:

Dado o fato de que as mulheres gregas antigas, e tanto mais as jovens, não eram encorajadas a falar em público, é notável que tantas *performances* de coros de moças jovens sejam atestadas, especialmente no período arcaico.

Atestadas, sim; sobreviventes, bem poucas. Mas canções como as de Álcman – os *partênios* – "adotam uma perspectiva distintivamente feminina, ambos nos mitos que contam e nas visões que expressam sobre outras mulheres", prossegue, esclarecendo que usa o termo feminino como designação para "um conceito ou comportamento que uma dada cultura tipicamente associa às mulheres [...]".[95]

As canções, observa, não são biologicamente femininas nem feministas – este termo implicaria que assumem uma "postura crítica com relação à cultura (masculina) dominante",[96] algo que não fazem, uma vez que, no mundo arcaico e clássico, tradicional, o poeta trabalha em adesão aos valores, práticas, códigos, que sua poesia revalida e reafirma, funcionando, frisei anteriormente,

93. Ferrari (2003, p. 89).
94. Lardinois (1994, p. 70).
95. Lardinois (2011, p. 161).
96. Lardinois (2011, p. 161).

como instrumento de formação de sujeitos sociais e de preservação dos elementos que identificam as comunidades. Essas canções, diz Lardinois,[97] não querem "mudar a cultura dominante, dispensando as tarefas que essa cultura atribui às mulheres, tais como o casamento ou a maternidade", mas, atente-se para isto, "elas realmente convocam a uma maior apreciação dos papéis femininos e dos sacrifícios deles advindos". As canções, conclui, "não são revolucionárias ou subversivas. Elas propagam valores femininos comumente aceitos, como a maternidade, o amor, e o casamento".[98] Isso tudo é patente em Safo, nos fragmentos, como procura realçar seu arranjo temático nas traduções desta antologia: a importância do mundo feminino, logo, do casamento, do erotismo, da graciosidade, do apuro estético, da noção de beleza. E isso é próprio aos grupos corais de meninas, largamente atestados na Grécia arcaica e clássica: o exercício da feminilidade e da sensualidade no vestir, no adornar e adornar-se, no cantar e dançar, articula-se à formação ético-moral pela reflexão sobre valores não raro ativados pela tradição mítica que deve ser conhecida e que encerra, ainda, as práticas rituais e relativas à dimensão cultual e às etapas significativas da vida. Trata-se de um dado próprio a uma sociedade tradicional que, anota Bierl,[99] "definia-se a si própria, em medida considerável, pelo mito e pelo rito".

OUTRAS POETAS

No epigrama da *Antologia palatina* – compilação de 15 livros de epigramas datados dos séculos VII a.C. ao V d.C. –, que abre esta introdução, nove poetas mulheres são nomeadas – nove são as Musas, e nove é o número comum às listas de cânones de poetas, como a do epigrama, que proliferam como reflexo dos trabalhos

---

97. Lardinois (2011, pp. 161-2).
98. Lardinois (2011, p. 172).
99. Bierl (2016, p. 311).

na Biblioteca de Alexandria, da qual dentro em pouco falarei. Somadas, elas compõem um modesto conjunto de obra. Ofereço, pois, um olhar panorâmico para elas.[100]

GRÉCIA CLÁSSICA: MIRTES, PRAXILA, TELESILA (E CORINA?)[101]

Mirtes (Beócia, fins do século VI a.C.), da qual nada resta, teria sido mestra de Píndaro (séculos VI-V a.C.) e de Corina – neste caso, datada do século V a.C., não do III a.C., como parece também ser possível. Todos os três são mélicos predominantemente corais, e estão relacionados no Fr. 664A Page (1962) de Corina, cuja compreensão é bastante nebulosa, como a própria imagem de Mirtes:

> ... eu censuro a clarissonante
> Mirtes eu mesma, porque, sendo mulher,
> entrou em rivalidade com Píndaro ...[102]

Praxila, ativa em meados do século V a.C., assim surge num passo do gramático Ateneu (séculos II-III d.C.), no *Banquete dos eruditos*:[103] "Praxila de Sícion era também admirada pela composição de cantos conviviais" para acompanhar o beber do vinho, nos simpósios. De sua obra, porém, temos apenas o fragmento de um "Hino a Adônis",[104] outro de um "Ditirambo: Aquiles",[105] e três de canções conviviais. No fragmento hínico, o mítico jovem amante de Afrodite, Adônis, arrola as mais belas coisas que deixou no mundo dos vivos ao morrer, no auge de sua juventude e virilidade:

---

100. Ver Ragusa (2020, pp. 113-136), para mais sobre as poetas e sua relação com a tradição poética grega.
101. Para todas essas poetas, suas obras e testemunhos sobre elas, ver a edição bilíngue de Campbell (1992).
102. Cito a tradução dada em Ragusa (2020, p. 121).
103. 15, 694A.
104. 747 Page.
105. 748 Page.

> ... o que de mais belo eu deixo: a luz do sol,
> depois, as estrelas luzentes, e da lua, sua face,
> e também maduros pepinos e pomos e peras ...[106]

Do fragmento de ditirambo – gênero mélico de difícil classificação, com forte componente narrativo –, há um verso: "[...] mas teu coração no peito nunca eles persuadiram [...]". Nele, Praxila lembra a intolerância de Aquiles e sua inabalável recusa ao combate junto aos gregos na luta contra os troianos, em razão da grave ofensa à honra que lhe fizera o chefe da expedição, o Atrida Agamêmnon, ao arrebatar-lhe Briseida, seu *géras*, "prêmio" – parte do botim de guerra que é a medida da honra de quem o recebe –, conforme o canto I da *Ilíada*.

Telesila (Argos, meados do século V a.C.), é associada a um episódio marcial supostamente biográfico: segundo Plutarco[107] (séculos I–II d.C.) e Pausânias[108] (século II d.C.), ela teria liderado um conflito militar contra Cleomenes, de Esparta, o que jogaria sua datação para *c.* 494 a.C. Pausânias descreve, no santuário de Afrodite em Argos, diante da estátua sentada da deusa, a imagem de Telesila, "a compositora de canções", numa estela:[109] "seus livros caídos aos seus pés, ela olha para um elmo, segurando-o com a mão e prestes a pô-lo sobre sua cabeça". Para o viajante, a poesia deu-lhe ainda "maior honra" do que o mais que realizou. Interessa notar, sobre a imagem de guerreira e poeta, que a temática marcial deve ter sido relevante nas canções de Telesila, a confiarmos em Máximo de Tiro[110] (século II d.C.), segundo quem "os espartanos eram exaltados pelos versos de Tirteu" – poeta elegíaco de meados do século VII a.C. –, "os argivos, pelas canções de Telesila, e os lésbios, pelas odes de Alceu".

---

106. Cito a tradução dada em Ragusa (2020, p. 124).
107. Em *As virtudes das mulheres*, 4. 245C-F.
108. Em *Descrição da Grécia*, 2. 20. 8–10.
109. Placa funerária comum nos túmulos gregos, com inscrições e sobretudo desenhos sobre os mortos e a vida que deixam para trás.
110. Em *Oração* 37. 5.

A imagem da poeta pode ter se nutrido dos seus versos, tanto quanto o episódio biográfico, cuja historicidade não é verificável em nossas evidências. Infelizmente, não se percebe a temática guerreira na obra remanescente de Telesila: cinco fragmentos, o maior, com dois versos,[111] ao que se vislumbra, sobre o mito da paixão do deus-rio Alfeu pela irmã de Apolo, a virgem caçadora Ártemis.

Por fim, se aceitarmos uma de suas possíveis datações, temos Corina (Tânagra) na era clássica – mas ela pode ter vivido na helenística.[112] De sua obra, temos fragmentos em que se nota a presença bem marcada de mitos da Beócia, sua região. O mais longo[113] deles traz a competição poética entre duas montanhas beócias, Hélicon, o abrigo das Musas, e Citero, no limite com a vizinha região da Ática, e algo sobre as filhas de Asopo, deus-rio beócio. Outro fragmento[114] canta, no que parece ser o proêmio:[115]

> [...] sobre mim Terpsícore [...]
> belos contos a cantar
> às tanagrenses de alvos peplos
> e grandemente se alegra a cidade
> com minha clarivívida voz.

Há, ainda, fragmentos de alguns versos, uma única linha ou palavra, os quais formam a maioria dos pequenos e corrompidos textos do *corpus* de Corina, como o Fr. 664B. Nele, a *persona* da poeta declara um tema de sua mélica:

> [...] canto as excelências dos heróis
> e das heroínas ...[116]

---

111. Fr. 717 Page.
112. A questão cronológica permanece em disputa, mas fato é que o nome de Corina apenas se registra, para nós, em fontes de 50 a.C. em diante. Faço a discussão do problema em Ragusa (2020, pp. 26-7). Ver Ragusa e Delfito (2020, pp. 3-16) sobre o problema de datação e a obra da poeta, com todos os seus fragmentos legíveis traduzidos.
113. 654 Page.
114. 655 Page.
115. Cito a tradução em Ragusa (2020, p. 126).
116. Cito a tradução em Ragusa e Delfito (2020, p. 8).

GRÉCIA HELENÍSTICA: MERO,
ERINA, ANITE, NÓSSIS

Esse grupo nos remete à primeira parte da era helenística, cujo centro não é mais Atenas, mas Alexandria, no Egito ptolomaico, onde o grego foi tornado língua oficial da administração, do comércio e da educação, e onde proliferaram escribas, sobretudo na cidade, sede da Biblioteca que era, na verdade, uma sala entre outras do *Mouseîon* ("a casa das Musas", "Museu") erguido pelo faraó Ptolomeu I, o Sóter, que reinou entre 305–285 a.C., e que fora general de Alexandre, o pupilo de Aristóteles. Seu objetivo era um só: edição e cópia das grandes obras dos antigos, em organização de forte inspiração aristotélica; e Ptolomeu II, o Filadelfo, no poder entre 285–246 a.C., ampliou a Biblioteca, de modo a permitir a intensificação desses trabalhos depois interrompidos por uma catástrofe em 47 a.C., mas retomados eventualmente e ativos até meados do século V d.C.

Nesse mundo, "a poesia do passado", declara Gentili, "passou a ser lida como literatura pura e simples", embora fosse ainda recitada – reflexo ainda vivo da cultura oral em que se produziu.[117] E em termos da poesia, destaca-se entre os gêneros praticados no período o epigrama, "poema curto em dísticos elegíacos" – metro próprio da poesia elegíaca – e de conteúdos variados, lembra Jane M. Snyder, entre os quais, "lamentos, dedicatórias, casos amorosos, animais de estimação e assim por diante".[118] Originalmente, o epigrama "limitava-se a servir de epitáfio", anota a helenista; e "a palavra grega *epigramma* significa 'inscrição'". Os epigramas das poetas de que passo a me ocupar encontram-se na *Antologia palatina*.

Mero, de Bizâncio, é a mais desconhecida; dela só há dois epigramas na AP:[119] uma dedicatória às uvas viníferas, outra às ninfas das águas. Mas em Ateneu[120] encontram-se ainda

---

117. Gentili (1990, p. 37).
118. Snyder (1989, p. 66).
119. Livro VI, 119 e 189.
120. 11, 491B.

dez versos hexamétricos – metro da épica grega e da poesia didático-sapiencial, sobretudo –, que tratam da constelação das Plêiades. Esse trânsito por entre os gêneros não é novidade nem na produção poética dos gregos, nem no período, mas se atesta desde a era arcaica. Cito de Mero o epigrama 119:

> Jazes sob o áureo pórtico de Afrodite,
> ó cacho d'uvas, pleno da gota de Dioniso.
> Não mais tua mãe, amável ramo atirando em teu
> redor, porá sobre tua cabeça pétala nectárea[121]

Outra poeta, Erina – não sabemos ao certo sua origem –, também praticou o epigrama e a poesia épica. Magro, porém, é seu *corpus*: três epigramas, um fragmento com dois versos hexamétricos, pedaços de "O fuso do tear", longo poema[122] em hexâmetros e dialetos lésbio-eólico e dórico, preservado num papiro muito mutilado que revela somente algumas palavras. Um epigrama anônimo[123] sobre Erina a dá por lésbia, conta sua morte ainda virgem aos 19 anos, e afirma que os versos de "O fuso" são *iguais* aos de Homero. Por fim, declara que "tanto quanto Safo supera Erina em canções, Erina supera Safo em hexâmetros".[124]

Sobre os epigramas atribuídos a Erina, Snyder observa serem todos concernentes às mulheres: o 352[125] retrata uma mulher de nome Agatárquis; o 710 e o 712,[126] a morte de Báucis, sua amiga, que jovem como a poeta morreu – na noite das suas núpcias. Cito da poeta o epigrama 710, na tradução do poeta Péricles Eugênio da Silva Ramos:

> Ó estrelas e Sereias, urna funerária
>   que encerras minha pouca cinza,
> saudai a gente que se acerca de meu túmulo,

---

121. Tradução Ragusa (2020, p. 130).
122. São cerca de 300 versos.
123. *AP*, IX, 190.
124. Versos 7–8.
125. *AP*, VI.
126. *AP*, VII

seja daqui ou forasteira.
Contai: mal me casara, a morte me colheu;
   o nome que meu pai me pôs
foi Báucis; Telos, o lugar onde nasci;
   e Erina, minha amiga,
em meu sepulcro estas palavras inscreveu.[127]

Já Anite tem 24 epigramas, informa Snyder.[128] Segundo o *Onomástico*[129] de Pólux (século II d.C.), ela seria de Tegeia, na Arcádia, dados o dialeto dos versos, as referências a elementos naturais e a imagem do deus Pã, própria da mitologia local. Cito dois epigramas da poeta, na tradução de José Paulo Paes:

Para o seu gafanhoto, rouxinol dos campos, e a sua
cigarra das árvores, fez Miro um duplo túmulo
e o regou com lágrimas de menina: pois o cruel Hades
levou-lhe embora os dois bichinhos de estimação.[130]

Vivo, este homem era Manes, um escravo; morto,
vale agora o mesmo que o grande Dario.[131,132]

Vê-se acima a diversidade de conteúdos, própria do gênero; e são os temas pastorais especialmente relevantes nessa poeta da Arcádia – região configurada como "o ideal da paisagem bucólica do pastor", resume Snyder. Eis o epigrama 313:[133]

Senta-te de todo sob as belas folhas vicejantes do loureiro
e tira doce porção d'água de beber da graciosa nascente,
para que descansem teus membros cansados da labuta
do verão, tocados pelo sopro de Zéfiro.

---

127. Tradução Ramos (1964, p. 161). Noto que as *sereias* são na verdade *sirenas*, mulheres-aves, no imaginário mítico grego.
128. Snyder (1989, p. 67).
129. 5. 48.
130. *AP* VII, 190.
131. Paes (1995, pp. 34–5). Dario foi imperador persa entre c. 522–586 a.C.
132. *AP* VII, 538.
133. *AP* IX.

Merecem nota, ainda, os curiosos epitáfios para animais – dos quais o epigrama 190,[134] já citado, é exemplo –, o que pode ser visto como uma brincadeira de Anite com a expectativa de quem ouve um epigrama e espera "grande solenidade", observa Snyder.[135]

Nossa última poeta, Nóssis, nasceu em Lócris, "colônia grega no sul da Itália", ressalta Snyder,[136] fundada no século VII a.C. Seu *corpus* se compõe de 12 epigramas, quase todos centrados no universo feminino e nas deusas Hera e Afrodite. E, como Safo, ela em três deles se autonomeia, anota a helenista, "criando a vívida *persona* de uma mulher que celebra as delícias de Eros e que se proclama, ela própria, seguidora da tradição poética" da poeta de Lesbos. Cito dois epigramas, novamente em tradução de Paes:

> Nada mais doce que o amor; tudo quanto haja de ditoso
> lhe fica atrás e eu cuspo da boca até o mel.
> Eis o que diz Nóssis; aquela a quem a Cípria[137] não beijou,
> essa não sabe sequer que flores são as rosas.[138]
>
> Se fores, estrangeiro, à Mitilene de formosas danças,
> a qual fez Safo, a flor das Graças, consumir-se,
> diz que a terra locriana produziu, dileta das Musas,
> alguém que lhe é igual, de nome Nóssis. Vai![139]

Ambos sugerem que o tema amoroso deve ter preenchido alguns de seus textos. No primeiro epigrama, os dois versos finais parecem referir-se exatamente à paixão, pois alinhavam Afrodite, o beijo e as rosas, flores prediletas da deusa. No segundo, ao igualar-se a Safo, cujo tema principal, até onde o *corpus* de sua poesia mélica e a sua reputação na Antiguidade permitem afir-

---

134. *AP* VII.
135. Snyder (1989, p. 70).
136. Snyder (1989, p. 77).
137. Outro nome de Afrodite, a deusa do amor erótico, da beleza, da sedução.
138. *AP* V, 170.
139. *AP* VII, 718. Paes (1995, pp. 36–7).

mar, gira em torno de *éros* (paixão, amor, desejo erótico), Nóssis declara, indiretamente, que sua poesia se afina à mesma temática: Mitilene gerou uma poeta de *éros*; Lócris, outra que lhe é "igual".

Muitos nomes, mas, no geral, escassa substância:[140] é o que se pode espremer do acúmulo dos séculos que encobrem as obras e as poetas do epigrama de abertura desta introdução. Distinta e bem mais feliz fortuna teve a obra de Safo – não sua figura que, decerto pelo fascínio exercido por sua poesia, ao menos em parte, tem sido preenchida com múltiplas ficções desde a Antiguidade, as quais a tornam ainda mais impalpável.

---

140. Alguns nomes mais nebulosos ainda são os de Megalóstrata, mencionada por um poeta mélico ativo na Esparta de fins do século VII a.C., Álcman, no Fr. 59B (edição Davies, 1991; tradução Ragusa, 2010, p. 653): "[...] isto mostrou, das doces Musas/ o dom, uma das virgens venturosa –/ ela, a loira Megalóstrata [...]" Há também o de Cleobulina, filha de Cleóbulo de Lindos, o colecionador de enigmas, e Carixena, a quem o *Léxico* de Fócio (patriarca de Constantinopla, século IX) se refere para explicar a expressão "do tempo de Carixena": "Carixena foi uma antiquada tocadora de flauta e compositora de música, mas alguns a dizem também poeta lírica". Um provérbio no *Léxico* de Hesíquio (século V d.C.) buscava já explicar essa expressão depois lembrada em Fócio: "Carixena foi famosa por sua estupidez, porque não sabia que era antiquada. Alguns dizem que ela fazia canções eróticas. Há um provérbio também, 'o tipo de coisa que é do tempo de Carixena'". Nada resta dessas duas poetas provavelmente do século V a.C.

A TRANSMISSÃO DA MÉLICA DE SAFO

> Ó Píndaro, boca sacra das Musas, e loquaz Sirena –
> Baquílides! –, e graças eólias de Safo,
> e escrita de Anacreonte, e quem da fonte homérica
> extraiu sua própria obra – Estesícoro! –,
> e doce página de Simônides, e quem de Peitó[141] e dos
> meninos colheu a doce flor – Íbico! –,
> e espada de Alceu, que o sangue de tiranos amiúde
> derramou, protegendo as leis da pátria,
> e rouxinóis suaviacantes de Álcman – sede
> [graciosos, vós
> que fincastes o início e o fim de toda a lírica.[142]

> Gritou alto de Tebas Píndaro; soprou deleites
> com voz doce-mel a musa de Simônides;
> brilha Estesícoro e também Íbico; era doce Álcman;
> deleitáveis sons dos lábios entoou Baquílides;
> e Peitó falou junto a Anacreonte; e coisas variegadas
> canta Alceu, cisne lésbio na Eólida;
> e dentre os homens Safo não é a nona, mas entre as
> amáveis Musas, a décima Musa registrada.[143]

Não podemos precisar as razões que favoreceram ou não a preservação das obras dos poetas gregos. Mas somou-se aos fatores favoráveis, em princípio, junto à reputação dos poetas e outros elementos, a edição na Biblioteca de Alexandria. Aliás, ao tratar do termo *lírica*, disse-o tardio, porque seu uso nos remete justamente a esse trabalho de cópia e estudo que, no caso dos mélicos, teve em Aristófanes de Bizâncio (*c.* 258–180 a.C.) seu principal executor. Segundo Pfeiffer, desse erudito pode ser a autoria do cânone dos "nove líricos", dado nos dois epigramas declamatórios anônimos que citei acima.[144]

141. A deusa Persuasão, crucial na sedução erótica.
142. AP IX, 184.
143. AP IX, 571.
144. Pfeiffer (1998, p. 205). Traduções: Ragusa (2010, pp. 27–8), com pequenas modificações.

A edição dos mélicos listados, além de tardia, seguiu critérios variados e arbitrários, para nós nem sempre discerníveis: a compilação de Safo pautou-se pelo critério métrico, e foi dividida no eloquente número de nove livros[145] – rolos de papiros.

Antes da Biblioteca, a circulação da poesia grega antiga, incluindo a jâmbica, elegíaca e mélica, foi viabilizada, como vimos, por *performances* e *reperformances* – nos mesmos moldes ou não, profissionais ou amadoras –, pela simples repetição propiciada pela memória,[146] por inscrições comemorativas em monumentos, por possíveis e anteriores edições[147] – termo que deve ser entendido como cópias de um registro original, em quantidade e difusão muito restritas e, certamente, custosa.[148] Tudo isso contribui para a sobrevivência dos textos até os alexandrinos e para o trabalho destes em suas próprias edições e classificações numa época em que mudaram demais "as condições fundamentais de produção poética, assim como a relação entre o poeta e sua audiência", anota Clay.[149]

Tendo a obra de Safo se inserido nesse cenário geral de circulação e preservação, como nos foi transmitida? Como chegou até nós? Por dois caminhos trilhados por toda a literatura produzida na Grécia antiga: por fontes de transmissão direta – papiros, manuscritos, inscrições em monumentos, e assim por diante – e por fontes de transmissão indireta – citações. Vejamos.

---

145. O nono livro seria de epitalâmios, segundo uma hipótese cuja aceitação não é consensual; ver Lesky (1995, pp. 168–9). Sobre os critérios adotados para a edição de Safo, ver ainda Nicosia (1976, pp. 31–2).
146. Ver Herington (1985, pp. 45–8) a respeito.
147. Harvey (1955, p. 159) afirma que "não há razão para pensar que as edições alexandrinas foram as primeiras a existir"; e na Atenas clássica circulavam edições disponíveis dos grandes poetas.
148. Ver Havelock (1996, p. 26). Tais cópias eram feitas sobretudo em papiro, material do qual o Egito, sua fonte, detinha o monopólio, e que, a partir do século VI a.C., adentra o mundo heleno. O "livro" é, na verdade, um *bíblos* ou *biblíon*, isto é, rolo de papiro, sendo tardio o formato do *codex*, do século II d.C. Sobre os copistas, muitos devem ter sido escravos, e não necessariamente saberiam ler o que copiavam.
149. Clay (1998, p. 28).

Desde a década final do século xix a meados do século xx, sobretudo, intensos trabalhos de escavações conduzidos no Egito trouxeram à luz uma incrível massa de papiros literários e não literários, provindos, majoritariamente, da cidade de Oxirrinco que, para Salvatore Nicosia, "tinha estreito contato com Alexandria"; diz ele ainda que, "em geral, os textos lá descobertos reportam à atividade filológica e crítica dos grandes gramáticos alexandrinos".[150]

Com os acréscimos, que hoje ocorrem em ritmo bem mais lento, muitas obras passaram a ser de fato conhecidas, outras ganharam mais substância, como a da poeta lésbia. Por outro lado, o volume recuperado demanda o reconhecimento das pesadas perdas sofridas, com as quais devemos conviver. A condição do *corpus* da poesia jâmbica, elegíaca e mélica, em termos quantitativos, melhorou – o estado material dos papiros, porém, trouxe textos em geral precários; Frederic G. Kenyon frisa: "É no período lírico, talvez, que as nossas perdas foram maiores; e aqui os papiros não fizeram muito por nós".[151] Animado com os acontecimentos então recentes, a despeito das frustrações, Kenyon afirmava, ao final de seu artigo:

Verdadeiramente, para todos aqueles que amam a literatura e reconhecem na literatura grega a mais alta expressão do pensamento humano, os desertos do Egito floresceram como uma rosa.[152]

Quase 50 anos depois, William H. Willis oferecia ao leitor um censo dos papiros literários encontrados no Egito, com cerca de 3000 exemplares publicados.[153] Eis sua avaliação:

Devemos, é claro, ter em mente as severas limitações de nossa evidência. Quase todos os nossos papiros vêm de uma única província do mundo greco-romano; e o Egito, de muitas maneiras – na geografia, na tradição e no isolamento político – foi uma província atípica. Tampouco podem os nossos textos preservados derivar uniformemente de

---

150. Nicosia (1976, p. 32).
151. Kenyon (1919, p. 9).
152. Kenyon (1919, p. 13).
153. Willis (1968, pp. 205–41).

todo o Egito. Uma vez que a sobrevivência dos papiros depende da completa proteção da umidade, as chuvas de Alexandria e a nascente do Delta, as inundações anuais do Nilo, a irrigação, e o crescimento gradual do lençol freático ao longo dos séculos – para não mencionar os inimigos naturais – devem, necessariamente, ter-nos roubado a vasta maioria dos textos antigos.[154]

Além dos fatores relativos ao clima, há que se considerar a sorte, as limitações relacionadas às próprias escavações e o interesse das equipes quanto ao que gostariam de ver renascer das areias egípcias. Tudo somado, temos uma medida dos estragos sofridos pelos papiros: a maior parte desapareceu, e os que sobreviveram estão corrompidos, mutilados, demasiado escurecidos. Mesmo assim, tê-los descoberto foi grande fortuna; e grande foi a sorte dos jâmbicos, elegíacos e mélicos, que contaram com os esforços de Edgar Lobel, helenista inglês que trabalhou intensamente com os papiros de Oxirrinco, recorda Willis, em cujo censo os de Safo concentram-se nos períodos romano (31 a.C.–476 d.C.) e bizantino (476–1453).[155]

Quanto às fontes de transmissão indireta, paráfrases e citações em escritos antigos variados, Nicosia observa que devem ter dependido sobretudo da memória falível e seletiva de quem cita, da versão do texto por ele conhecida e/ou disponível em cópia escrita, e das suas necessidades para o uso dos textos citados, as quais influíram no tamanho destes, em geral reduzido. Tais textos sofreram ainda, lembra ele, alterações decorrentes da *aticização* dos dialetos nos quais os poemas foram compostos – no caso de Safo, o lésbio-eólico, e não o ático que, em parte pelo impulso de uma Atenas culturalmente muito poderosa na era clássica, prevaleceu sobre os demais dialetos gregos. Não obstante os problemas, a maioria dos poetas arcaicos, notadamente, têm nesse tipo de transmissão uma grande aliada.[156]

154. Willis (1968, pp. 205–6).
155. Willis (1968, pp. 211–3).
156. Nicosia (1976, pp. 23–5).

Diante desse quadro, os textos que contam com mais de uma fonte por vezes apresentam variações, diferenças, que precisam ser resolvidas por escolhas do editor no trabalho com as obras, ressalta Nicosia.[157] Insere-se na lista de dificuldades do trabalho com a poesia jâmbica, elegíaca, mélica ainda isto: o problema do estabelecimento dos textos fragmentários, salvo raras exceções.

Vamos, pois, às canções de Safo.

BIBLIOGRAFIA

BATTISTINI, Y. (introd., trad., notas). *Poétesses grecques: Sapphô, Corinne, Anytè*.... Paris: Imprimerie Nationale Éditions, 1998.

BENNETT, C. "Concerning 'Sappho schoolmistress'". *TAPhA* 124, 1994, pp. 345-7.

BLUNDELL, S. *Women in ancient Greece*. London: British Museum Press, 1995.

BOWIE, A. M. *The poetic dialect of Sappho and Alcaeus*. Salem: Ayer, 1984.

BOWIE, E. L. "Early Greek elegy, *symposium* and public festival". *JHS* 106, 1986, pp. 13-35.

BOWRA, C. M. *Greek lyric poetry*. 2ª ed. Oxford: Clarendon Press, 1961.

BREMMER, J. N. "Pederastia grega e homossexualismo moderno". In: _____. (org.). *De Safo a Sade: momentos na história da sexualidade*. Campinas: Papirus, 1995, pp. 11-26.

BUDELMANN, F. "Introducing Greek lyric". In: _____. (ed.). *The Cambridge Companion to Greek lyric*. Cambridge: Cambridge University Press, 2009, pp. 1-18.

BURNETT, A. P. *Three archaic poets: Archilochus, Alcaeus, Sappho*. Cambridge: Harvard University Press, 1983.

CAMPBELL, D. A. (ed. e trad.). *Greek lyric I*. Cambridge: Harvard University Press, 1994. [1ª ed.: 1982].

_____. (ed. e trad.). *Greek lyric IV*. Cambridge: Harvard University Press, 1992.

_____. (coment.). *Greek lyric poetry*. London: Bristol Classical Press, 1998. [1ª ed.: 1967].

CAREY, C. "Genre, occasion and performance". In: BUDELMANN, F. (ed.). *The Cambridge Companion to Greek lyric*. Cambridge: Cambridge University Press, 2009, pp. 21-38.

157. Nicosia (1976, pp. 28).

CARSON, A. *Eros, the bittersweet: an essay*. Chicago: Dalkey Archive Press, 1998.

CLAY, D. "The theory of the literary *persona* in Antiquity". *MD* 40, 1998, pp. 9-40.

COLE, S. G. "Could Greek women read and write?". In: FOLEY, H. P. (ed.). *Reflections of women in antiquity*. Philadelphia: Gordon and Breach, 1992, pp. 219-45.

CORRÊA, P. da C. *Armas e varões: a guerra na lírica de Arquíloco*. 2ª ed. revista e ampliada. São Paulo: Ed. da Unesp, 2009.

D'ALESSIO, G. B. "Past, future and present past: temporal *deixis* in Greek archaic lyric". *Arethusa* 37, 2004, pp. 267-94.

DAVIES, M. (ed.). *Poetarum melicorum Graecorum fragmenta 1*. Oxford: Clarendon Press, 1991.

DE MARTINO, F. "Appunti sulla scrittura al femminile nel mondo antico". In: _____. (ed.). *Rose de Pieria*. Bari: Levante Editori, 1991, pp. 17-75.

DOVER, K. J. *A homossexualidade na Grécia antiga*. Trad. L. S. Krausz. São Paulo: Nova Alexandria, 1994. [1ª ed. orig.: 1978].

EASTERLING, P. E.; KNOX, B.W. (ed.). *The Cambridge History of classical literature – I: Greek literature*. Cambridge: Cambridge University Press, 1990.

FERRARI, F. *Sappho's gift: the poet and her community*. Trad. B. Acosta-Hughes e L. Prauscello. Ann Arbor: Michigan University Press, 2010.

FOLEY, H. P. (ed.). *Reflections of women in antiquity*. Philadelphia: Gordon and Breach, 1992.

FRÄNKEL, H. *Early Greek poetry and philosophy*. Trad. M. Hadas e J. Willis. Oxford: Basil Blackwell, 1975. [1ª ed. orig.: 1951].

GENTILI, B. *Poetry and its public in ancient Greece*. Trad. A. T. Cole. Baltimore: The Johns Hopkins University Press, 1990a. [1ª ed. orig.: 1985]

_____. "Lo 'io' nella poesia lirica greca". *AION (filol)* 12, 1990b, pp. 9-24.

GUERRERO, G. *Teorías de la lírica*. México: Fondo de Cultura Económica, 1998.

JOHNSON, W. R. *The idea of lyric. Lyric modes in ancient and modern poetry*. Berkeley: University of California Press, 1982.

HALLETT, J. P. "Sappho and her social context". In: GREENE, E. (ed.). *Reading Sappho: contemporary approaches*. Berkeley: University of California Press, 1996, pp. 125-42.

HARVEY, A. E. "The classification of Greek lyric poetry". *CQ* 5, 1955, pp. 157-75.

HAVELOCK, E. *A revolução da escrita na Grécia e suas consequências culturais*. Trad. O. J. Serra. São Paulo, Rio de Janeiro: Editora da Unesp, Paz e Terra, 1996.

HENDERSON, W. J. "Received responses: ancient testimony on Greek lyric imagery". *AClass* 41, 1998, pp. 5-27.

HERINGTON, J. *Poetry into drama. Early tragedy and the Greek poetic tradition*. Berkeley: University of California Press, 1985.

KENYON, F. G. "Greek papyri and classical literature". *JHS* 39, 1919, pp. 1-15.

LARDINOIS, A. "Safo lésbica e Safo de Lesbos". In: BREMMER, J. (org.). *De Safo a Sade: momentos na história da sexualidade*. Campinas: Papirus, 1995, pp. 27-50.

LESKY, A. *História da literatura grega*. Trad. M. Losa. Lisboa: Fundação Calouste Gulbenkian, 1995. [1ª ed. orig.: 1957].

LOURENÇO, F. (trad.). *Poesia grega de Álcman a Teócrito*. Lisboa: Livros Cotovia, 2006.

MOSSÉ, C. *La femme dans la Grèce antique*. Paris: Éditions Complexe, 1991.

MOST, G. W. "Greek lyric poets". In: LUCE, T. J. (ed.). *Ancient writers - I: Greece and Rome*. New York: Charles Scribner's Sons, 1982, pp. 75-98.

_____. "Reflecting Sappho." In: GREENE, E. (ed.) *Re-reading Sappho: reception and transmission*. Berkeley: University of California Press, 1996, pp. 11-35.

MURRAY, O. "Sympotic history". In: _____. (ed.). *Sympotica. A symposium on the symposion*. Oxford: Clarendon Press, 1990, pp. 3-13.

_____. *Early Greece*. 2ª ed. Cambridge: Harvard University Press, 1993.

NICOSIA, S. *Tradizione testuale diretta e indiretta dei poeti di Lesbo*. Roma: Ateneo, 1976.

OLIVA NETO, J. A. (trad., introd. e notas). *Catulo. O Livro de Catulo*. São Paulo: Edusp, 1996.

OLIVEIRA, F. R. (introd., trad. e notas). *Hipólito. Eurípides*. São Paulo: Odysseus, 2010.

PAES, J. P. (trad., notas, posfácio). *Poemas da Antologia grega ou palatina, séculos VII a.C. a V d.C.* São Paulo: Companhia das Letras, 1995.

PAGE, D. L. (ed.). *Poetae melici Graeci*. Oxford: Clarendon Press, 1962.

_____. *Sappho and Alcaeus*. Oxford: Clarendon Press, 2001. [1ª ed.: 1955].

PARKER, H. "Sappho schoolmistress". In: GREENE, E. (ed.). *Re-reading Sappho: reception and transmission*. Berkeley: University of California Press, 1996, pp. 146-83.

PFEIFFER, R. *A history of classical scholarship - I*. Oxford: Clarendon Press, 1998. [1ª ed.: 1968]

RAGUSA, G. *Fragmentos de uma deusa: a representação de Afrodite na lírica de Safo*. Campinas: Editora da Unicamp, 2005. (Apoio: Fapesp).

_____. *Lira, mito e erotismo: Afrodite na poesia mélica grega arcaica*. Campinas: Editora da Unicamp, 2010. (Apoio: Fapesp).

ROBB, K. *Literacy and paideia in ancient Greece*. New York, Oxford: Oxford University Press, 1994.

RÖSLER, W. "Persona reale o persona poetica?". *QUCC* 19, 1985, pp. 131-44.

SCHIMITT-PANTEL, P. "Sacrificial meal and symposion: two models of civic institutions in the archaic city?" In: MURRAY, O. (ed.). *Sympotica. A symposium on the symposion*. Oxford: Clarendon Press, 1990, pp. 14-33.

SHAPIRO, H. A. "Introduction". In: _____. (ed.). *The Cambridge Companion to archaic Greece*. Cambridge: Cambridge University Press, 2007, pp. 1-9.

SKINNER, M. B. "Woman and language in archaic Greece, or, Why is Sappho a woman?". In: GREENE, E. (ed.). *Reading Sappho: contemporary approaches*. Berkeley: University of California Press, 1996, pp. 175-92.

SLINGS, S. R. "The *I* in personal archaic lyric: an introduction". In: _____. (ed.). *The poet's I in archaic Greek lyric*. Amsterdam: VU University Press, 1990, pp. 1-30.

SNELL, B (ed.). *A cultura grega e as origens do pensamento europeu*. Trad. P. de Carvalho. São Paulo: Perspectiva, 2001. [1ª ed. orig.: 1955].

SNYDER, J. M. *The woman and the lyre: women writers in classical Greece and Rome*. Carbondale: Southern Illinois University Press, 1989.

STEHLE, E. "Romantic sensuality, poetic sense". In: GREENE, E. (ed.). *Reading Sappho: contemporary approaches*. Berkeley: University of California Press, 1996, pp. 143-9.

SVENBRO, J. *Phrasiklea. An anthropology of reading in ancient Greece*. Trad. J. Lloyd. Ithaca: Cornell University Press, 1993.

VETTA, M. "Poesia simposiale nella Grecia arcaica e classica". In: _____. (ed.). *Poesia e simposio nella Grecia arcaica*. Bari: Laterza, 1995, pp. xi-lx.

WEST, M. L. "Greek poetry 2000-700 B.C.". *CQ* 23, 1973, pp. 179-92.

_____. (ed.). *Iambi et elegi Graeci*. Oxford: Oxford University Press, 1998. vols. 1-2. [1ª ed.: 1971].

WILLIS, W. H. "A census of the literary papyri from Egypt". *GRBS* 9, 1968, pp. 205-41.

ADENDO BIBLIOGRÁFICO À 2ª EDIÇÃO

BARTOL, K. "Saffo e Dika (Sapph. 81 V.)". *QUCC* 56, 1997, pp. 75-80.

BIERL, A. "Alcman at the end of Aristophanes' *Lysistrata*". In: ATHANASSAKI, L.; BOWIE, E. (eds.). *Archaic and classical song.* Berlin: De Gruyter, 2011, pp. 415-436.

_____. "*Symmachos esso*: theatrical role-playing and mimesis in Sappho fr. 1v.". in: BIGGLIAZZI, S. (eds.). Συναγωνίζεσται. *Essays in honour of Guido Avezzù.* Verona: Skène, 2018, pp. 925-951.

BOWMAN, L. "The 'women's tradition' in Greek poetry". *Phoenix* 58, 2004, pp. 1-27.

BRASETE, M. F. "O amor na poesia de Safo". In: FERREIRA, A. M. (ed.). *Percursos de Eros – representação do erotismo.* Aveiro: Universidade de Aveiro, 2003, pp. 17-26.

_____. "Homoerotismo feminino na lírica grega arcaica: a poesia de Safo". In: FIALHO, M. do Céu et alii (eds.). *A sexualidade no mundo antigo.* Lisboa, Coimbra: Centro de História da Universidade de Lisboa/Centro de Estudos Clássicos e Humanísticos U. Coimbra, 2009, pp. 289-303.

BRUSSE, J. S. "Epigram". In: CLAUSS, J. J.; CUYPERS, M. (eds.). *A companion to Hellenistic literature.* Malden: Wiley-Blackwell, 2010, pp. 117-35.

BUZZI, S. et alii (eds.). *Nuove acquisizioni di Saffo e della lirica greca.* Alessandria: Edizioni dell'Orso, 2008.

CACIAGLI, S. "Sapph. fr. 27v.: l'unità del pubblico saffico". *QUCC* 91, 2009, pp. 63-80.

CAZZATO, V.; LARDINOIS, A. (eds.) *The look of lyric: Greek song and the visual. Studies in archaic and classical Greek song, vol. 1.* Leiden: Brill, 2016.

CLARK, C. A. "The gendering of the body in Alcman's *Partheneion* 1: narrative, sex and social order in archaic Sparta". *Helios* 23, 1996, pp. 143-172.

FERRARI, F. "Il pubblico di Saffo". *SIFC* 1, 2003, pp. 42-89.

_____. (trad., notas, introd.). *Saffo. Poesie.* Milano: BUR Rizzoli, 2011.

GREENE, E.; SKINNER, M. B. (eds.). *The new Sappho on old age. Textual and philosophical issues.* Washington, D.C.: Center for Hellenic Studies, 2009.

HAGUE, R. H. "Ancient Greek wedding songs: the tradition of praise". *Journal of Folklore Research* 20, 1983, pp. 131-43.

KLINCK, A. *Woman's song in ancient Greece.* Montreal: McGill-Queen's University Press, 2008.

LARDINOIS, A. "Subject and circumstance in Sappho's poetry". *TAPhA* 124, 1994, pp. 57-84.

_____. "Who sang Sappho's songs?". In: GREENE, E. (ed.). *Reading Sappho*. Berkeley: University of California Press, 1996, pp. 150–72.

_____. "Lesbian Sappho revisited". In: DIJKSTRA, J. et alii (eds.). *Myths, Martyrs, and Modernity. Studies in the History of Religions in Honour of Jan N. Bremmer*. Leiden: Brill, 2010, pp. 13–30.

_____. "The *parrhesia* of young female choruses in ancient Greece". In: ATHANASSAKI, L.; BOWIE, E. (eds.). *Archaic and classical song: performance, politics and dissemination*. Berlin: De Gruyter, 2011, pp. 161–72.

LEFKOWITZ, M. R. "The last hours of the *parthenos*". In: REEDER, E. D. (ed.). *Pandora's box. Women in classical Greece*. Baltimore, Princeton: The Walters Art Gallery / University Press, 1995, pp. 32–39.

PATON, W, R. *The Greek anthology – III: book IX*. London, Cambridge: William Heinemann, Harvard University Press, 1916–18. 5 vols.

RAGUSA, G. (org., trad.). *Lira grega: antologia de poesia arcaica*. São Paulo: Hedra, 2013.

_____. "Memória, a terra prometida dos poetas: o tema na mélica grega arcaica". *Forma Breve* 15, 2018, pp. 143–52.

_____. "A coralidade e o mundo das *parthénoi* na poesia mélica de Safo". *Revista Aletria* 29.4, 2019a, pp. 85–111.

_____. "Safo de Lesbos: de liras e neblinas". In: REDE, M. (org.). *Vidas Antigas. Ensaios Biográficos da Antiguidade*. São Paulo: Editora Intermeios, 2019b, pp. 211–39.

_____; ROSENMEYER, P. "A delicate bridegroom: *habrosunē* in Sappho, Fr. 115v". *CQ* 69, 2019, pp. 62–75.

_____. "Nove Musas mortais: as poetas da Grécia antiga". *Revista do Centro de Pesquisa e Formação* (SESC) 11, 2020, pp. 113–136.

RAMOS, P. E. da S. (trad. e notas). *Poesia grega e latina*. São Paulo: Cultrix, 1964.

REDFIELD, J. M. "Notes on the Greek wedding". *Arethusa* 15, 1982, pp. 181–201.

_____; DELFITO, J. S. S. "Corina: uma voz feminina da poesia grega antiga e suas canções". *Translatio*, 18, 2020, pp. 3–16.

REEDER, E. D. (ed.). *Pandora's box. Women in classical Greece*. Baltimore, Princeton: The Walters Art Gallery/University Press, 1995.

SCODEL, R. "Self-correction, spontaneity, and orality in archaic poetry". In: WORTHINGTON, I. (ed.). *Voice into text. Orality and literacy in ancient Greece*. Leiden: Brill, 1996, pp. 59–79.

SISSA, G. *Greek virginity*. Trad. A. Goldhammer. Cambridge: Harvard University Press, 1990.

STEHLE, E. *Performance and gender in ancient Greece: nondramatic poetry and its setting*. Princeton: University Press, 1997.

SWIFT, L. A. *The hidden chorus. Echoes of genre in tragic lyric*. Oxford: Oxford University Press, 2010.

THOMAS, B. M. "The rhetoric of prayer in Sappho's 'Hymn to Aphrodite'". *Helios* 26, 1999, pp. 3–10.

WEST, M. L. (ed. e coment.). *Hesiod, Theogony*. Oxford: Clarendon Press, 1988.

Hino a Afrodite
e outros poemas

Ó Safo, aos jovens que amam o mais doce travesseiro das paixões,
a ti, junto às Musas, a Piéria adorna, ou o
Hélicon coberto de hera – a ti que sopras tal qual
elas a ti, Musa na Ereso eólia.
Ou Hímen Himeneu, portando sua tocha brilhante,
contigo fica sobre o tálamo nupcial;
ou junto a Afrodite enlutada, lamentando o jovem rebento de
Ciniras, contemplas o bosque sacro dos venturosos.
Em toda parte, ó soberana, te saúdo como aos deuses, pois tuas
canções ainda hoje consideramos filhas dos imortais.

DIOSCÚRIDES, SÉC. III A.C.
Antologia palatina, VII, ep. 407

Afrodite

NOTA INTRODUTÓRIA   Nenhuma outra divindade grega aparece nas canções de Safo com a mesma frequência, nem do mesmo modo: Afrodite é a mais presente[1]. O fato decerto reflete três das linhas de força da mélica sáfica: a paixão erótica, a beleza e o universo feminino. Ora, Afrodite, em Safo e nos demais poetas gregos, para não falar da iconografia e dos cultos, é multifacetada – como são em geral os deuses gregos –, mas é, fundamentalmente, deidade da beleza física, da feminilidade, da sensualidade, da sedução, da paixão erótica, do desejo – características que constituem seus poderes principais e sua esfera central de atuação, a do erotismo. Há, portanto, estreita afinidade entre o fazer poético de Safo e a imagem de Afrodite, que se traduz em notável e inigualável cumplicidade entre a deusa dileta e a voz poética dos versos.[2]

---

1. Afrodite é personagem dos fragmentos 1, 2, 5, 15, 22, 33, 73A, 86, 96, 102, 112, 133, 134 e 140. Neles, o tema da presença da deusa *corpus* foi estudado em Ragusa (2005), em que se baseiam as traduções dos e as notas aos fragmentos legíveis desse *corpus*. Tais traduções, como outras publicadas previamente a esta nova edição da antologia, podem estar aqui ligeiramente alteradas.
2. A diferença é evidente se comparamos a representação da deusa em Safo à encontrada nos demais poetas arcaicos que, como ela, praticaram a poesia mélica; para estes e o estudo de Afrodite em seus fragmentos, ver Ragusa (2010).

« HINO A AFRODITE » (FR. 1)

Ποικιλόθρον' ἀθανάτ' Ἀφρόδιτα,
παῖ Δίος δολόπλοκε, λίσσομαί σε,
μή μ' ἄσαισι μηδ' ὀνίαισι δάμνα,
πότνια, θῦμον,

ἀλλὰ τυίδ' ἔλθ', αἴ ποτα κἀτέρωτα
τὰς ἔμας αὔδας ἀίοισα πήλοι
ἔκλυες, πάτρος δὲ δόμον λίποισα
χρύσιον ἦλθες

ἄρμ' ὑπασδεύξαισα κάλοι δέ σ' ἆγον
ὤκεες στροῦθοι περὶ γᾶς μελαίνας
πύκνα δίννεντες πτέρ' ἀπ' ὠράνω αἴθε-
ρος διὰ μέσσω

αἶψα δ' ἐξίκοντο σὺ δ', ὦ μάκαιρα,
μειδιαίσαισ' ἀθανάτωι προσώπωι
ἤρε' ὄττι δηὖτε πέπονθα κὤττι
δηὖτε κάλημμι

κὤττι μοι μάλιστα θέλω γένεσθαι
μαινόλαι θύμωι τίνα δηὖτε πείθω
... σάγην ἐς σὰν φιλότατα; τίς σ', ὦ
Ψάπφ', ἀδικήει;

καὶ γὰρ αἰ φεύγει, ταχέως διώξει,
αἰ δὲ δῶρα μὴ δέκετ', ἀλλὰ δώσει,
αἰ δὲ μὴ φίλει, ταχέως φιλήσει
κωὐκ ἐθέλοισα.

ἔλθε μοι καὶ νῦν, χαλέπαν δὲ λῦσον
ἐκ μερίμναν, ὄσσα δέ μοι τέλεσσαι
θῦμος ἰμέρρει, τέλεσον, σὺ δ' αὔτα
σύμμαχος ἔσσο.

De flóreo manto furta-cor, ó imortal Afrodite,
filha de Zeus, tecelã de ardis, suplico-te:
não me domes com angústias e náuseas,
veneranda, o coração,

mas para cá vem, se já outrora –
a minha voz ouvindo de longe – me
atendeste, e de teu pai deixando a casa
áurea a carruagem

atrelando vieste. E belos te conduziram
velozes pardais em torno da terra negra –
rápidas asas turbilhonando, céu abaixo e
pelo meio do éter.

De pronto chegaram. E tu, ó venturosa,
sorrindo em tua imortal face,
indagaste por que de novo sofro e por que
de novo te invoco,

e o que mais quero que me aconteça em meu
desvairado coração. "Quem de novo devo persuadir
… ao teu amor? Quem, ó
Safo, te maltrata?

Pois se ela foge, logo perseguirá;
e se presentes não aceita, em troca os dará;
e se não ama, logo amará,
mesmo que não queira".

Vem até mim também agora, e liberta-me dos
duros pesares, e tudo o que cumprir meu
coração deseja, cumpre; e, tu mesma,
sê minha aliada de lutas.

Comentário Esse *hino clético* – prece que invoca a deidade para instá-la a vir à presença de quem suplica – estrutura-se em três etapas fundamentais, mostra a tradição: identificação do deus,[3] essencial num sistema politeísta; recordação de relação previamente firmada com a deidade, de modo a nela suscitar o sentido de obrigação para com quem apela;[4] explicitação do(s) pedido(s). Essa cuidadosa elaboração formal explica-se por constituir a própria prece em presente à divindade que, com tal agrado, pode se tornar propícia. No hino, a suplicante, que se autonomeia "Safo",[5] invoca a deusa a vir à sua presença, para junto a ela lutar pela sedução da amada que ora a rejeita, objetivo em torno do qual giram todos os pedidos.[6] Atente-se para a fala de Afrodite,[7] dita no passado, mas revalidada no presente e a cada nova rodada da vinda da intermitente paixão erótica; tal fala guarda um valor universal de caráter punitivo-consolatório: o consolo do amador rejeitado pelo amado está na reversão de papéis que a experiência erótica em tempo produz. Também vale a pena reparar na visão de *éros* como patologia de corpo e mente,[8] que, em princípio, torna sua vítima impotente; e no modo como a sedução é pensada como uma batalha e uma caçada, arenas às quais são comuns o ataque violento, a perseguição e a dominação do outro – o inimigo, a

---

3. Versos 1-2.
4. Versos 5-24.
5. Trata-se de procedimento muito usado em variados gêneros poéticos, por meio dos quais a *persona* dramatizada do próprio poeta torna-se parte dos versos que podem imortalizá-lo. A ideia da poesia como instrumento de imortalização de heróis está no cerne da épica, mas logo vemos a ideia associada de que a poesia confere memória e fama não apenas àquilo que canta, mas àquele que a canta. Safo vale-se de autonomeação em outros fragmentos, bem como Álcman, poeta mélico ativo em c. 620 a.C., Teógnis, poeta elegíaco de fins de 600 a.C., e mesmo antes, Hesíodo, ativo em fins de 700 a.C., na sua poesia didática-comosmogônica e didático-sapiencial, para mencionar apenas esses mais antigos poetas. A prática se perpetua, claro, no correr dos séculos, em várias tradições poéticas, nas quais vai sendo ressignificada. Discuti recentemente o tema da memória e imortalização do poeta pela poesia na Grécia arcaica (Ragusa, 2018, pp. 143-152).
6. Versos 1-5, 25-8.
7. Versos 21-4.
8. Versos 3-4.

presa, o objeto de desejo do sedutor. Tudo isso está muito presente na linguagem erótica da poesia grega antiga, mas se maximiza no Fr. 1 de Safo, em que a suplicante chama Afrodite a ser sua "aliada de lutas", *sýmmakhos*,[9] em estreita parceria. Eis o último pedido da prece, que, ao contrário dos demais que se retomam, só surge nas penúltimas palavras. Tudo no hino à deusa é, pois, arquitetado para culminar neste pedido que, se concedido, como será (já o foi no passado!), garantirá o sucesso da empreitada de sedução à qual quer se lançar a suplicante-amada. Pedido que é proferido estrategicamente, depois que aos poucos construiu "uma relação segura e protetora com a poderosa e caprichosa deusa".[10] Finalmente, nos versos 1–2, veja-se que os epítetos estabelecem Afrodite não só como poderosa, mas também bela sedutora ardilosa. A sedução e a deidade caminham, pois, no âmbito do fugidio, do oblíquo, da dissimulação, da trama. A arte do engano é imprescindível na esfera da sedução regida por Afrodite; e nessa arte, ninguém superará a deusa, preciosa aliada.

Não posso deixar de ressaltar que o "Hino a Afrodite" é não só a mais famosa canção de Safo, mas a única integralmente preservada em citação, feita no tratado *Sobre o arranjo das palavras*,[11] de Dionísio de Halicarnasso (retórico, século I a.C.). Mais: é a primeira canção do livro I de Safo, compilado na célebre Biblioteca de Alexandria, provavelmente na virada dos séculos III–II a.C. Todo plasmado como é em Afrodite, a deusa *sýmmakhos* de "Safo" que lhe pede e antecipa sua presença, pode-se pensar o epíteto e o hino como um todo em dimensão metapoética, à semelhança do que se passa com o Fr. 2, adiante. Nessa dimensão, "Safo" dramatiza-se como "uma mulher líder de um grupo feminino e uma poeta totalmente dedicada à esfera da beleza, do amor, e de Afrodite",[12] e o faz nas derradeiras palavras, "drasticamente revertendo seu sentimento inicial de devastação e depressão", para se afirmar qual "autoconfiante *choregos*,

---

9. Verso 28.
10. Thomas, 1999, p. 9
11. Número 23.
12. Bierl 2018, p. 929.

'líder do coro', e cantora poética".[13] "Reencenando essa divina aliada de luta na própria *performance*, a canção faz Safo se fundir a Afrodite. Assim, em qualquer *performance*, Safo se torna Afrodite, como a cantora perfeita, plena de encantamento poético e erótico".[14]

---

13. Bierl, p. 930.
14. Bierl, p. 948.

« ODE DO ÓSTRACO » (FR. 2)

†δευρυμμεκρητεσιπ[.]ρ[   ].† ναῦον
ἄγνον ὄππ[αι   ] χάριεν μὲν ἄλσος
μαλ[ί]αν], βῶμοι δ' ἔ<ν>ι θυμιάμε-
νοι [λι]βανώτω<ι>

ἐν δ' ὕδωρ ψῦχρον κελάδει δι' ὕσδων
μαλίνων, βρόδοισι δὲ παῖς ὁ χῶρος
ἐσκίαστ', αἰθυσσομένων δὲ φύλλων
κῶμα †καταιριον

ἐν δὲ λείμων ἰππόβοτος τέθαλε
†τωτ...(.)ριννοις† ἄνθεσιν, αἰ <δ'> ἄηται
μέλλιχα πν[έο]ισιν [
[   ]

ἔνθα δὴ σὺ †συ.αν† ἔλοισα Κύπρι
χρυσίαισιν ἐν κυλίκεσσιν ἄβρως
<ὀ>μ<με>μείχμενον θαλίαισι νέκταρ
οἰνοχόεισα

... Para cá, até mim, de Creta ... templo
sacro onde ... e agradável bosque
de macieiras, e altares nele são esfumeados
com incenso.

E nele água fria murmura por entre ramos
de macieiras, e pelas rosas todo o lugar
está sombreado, e das trêmulas folhas
torpor divino desce.

E nele o prado pasto de cavalos viceja
... com flores, e os ventos
docemente sopram ...

Aqui tu [...] pegando, ó Cípris,
nos áureos cálices, delicadamente,
néctar, misturado às festividades,
vinho-vertendo ...

Comentário   Eis outro *hino clético*, em que se destaca o detalhamento do local ao qual Afrodite é convidada a vir, saindo de Creta. O espaço, porém, não é definido cartograficamente, mas se desenha como cenário primaveril idealizado em chave sacroerótica, inerente à visão grega da natureza, suspenso em temporalidade própria, impregnado de Afrodite, de cujas imagens poéticas e mítico-religiosas se desprendem seus elementos constitutivos. Desse cenário emana uma atmosfera carregada de sensualidade e do divino, algo ampliado pela antecipação da epifania da deusa[15] invocada como "Cípris" – nome mais frequente na literatura grega antiga, além de "Afrodite" –, que evoca seus elos com um de seus locais de culto mais importantes, a ilha de Chipre, onde são particularmente fortes suas ligações com o mundo vegetal. Atente-se para o caráter ativo da epifania, que reforça a ideia da fusão num fragmento de intensa linguagem sinestésica. Há o desejo de proximidade entre a voz poética e a deusa. Proximidade que assume um caráter metapoético na diluição dos limites do mundo divino e do sagrado – a mistura do néctar, nutrição divina, e do vinho, nutrição mortal – na festividade compartilhada da mélica sáfica que celebra o universo de Afrodite. A fonte principal do texto é um *óstraco* (século III a.C.) ou caco de cerâmica, material abundante na Grécia antiga e muito utilizado para a escrita.

15. Verso 13.

PRECE A AFRODITE E ÀS NEREIDAS (FR. 5)

Κύπρι καὶ] Νηρήιδες ἀβλάβη[ν μοι
τὸν κασί]γνητον δ[ό]τε τυίδ' ἴκεσθα[ι
κὤσσα]οι θύμω<ι> κε θέλη γένεσθαι
πάντα τε]λέσθην,

ὄσσα δὲ πρ]όσθ' ἄμβροτε πάντα λῦσα[
καὶ φίλοισ]ι οἶσι χάραν γένεσθαι
... ἔ]χθροισι, γένοιτο δ' ἄμμι
... μ]ηδ' εἴς

τὰν κασιγ]νήταν δὲ θέλοι πόησθαι
]τίμας, [ὀν]ίαν δὲ λύγραν
]οτοισι π[ά]ροιθ' ἀχεύων
].να
].εισαΐω[ν] τὸ κέγχρω
]λεπαγ[..()]αι πολίταν
]λλωσ[...]νηκε δ' αὖτ' οὐ
]κρω[]
]οναικ[ ]εο[ ]. ι
]..[.]ν σὺ [δ] ἐ Κύπ[ρι]..[..(.)]να
]θεμ[έν]α κάκαν [
]ι.

Ó Cípris e Nereidas, ileso, a mim,
o meu irmão concedei aqui chegar,
e o que no coração ele queira que seja –
tudo cumpri;

e que seus passados erros todos ele repare
e que aos amigos uma alegria ele seja,
... aos inimigos, e que não nos seja ...

[...] e a irmã – que ele a queira fazer

Comentário No fragmento preservado no *Papiro de Oxirrinco* 7 (século III d.C.), temos uma canção-prece a Afrodite – chamada pelo nome que nos remete à sua geografia mítico-poética e religiosa insular, "Cípris" – e às Nereidas – netas de Oceano e filhas do velho do mar, Nereu. Quem apela às deidades o faz em benefício da 3ª pessoa do singular, a quem se refere como "meu irmão".[16] Uma vez que o *eu* da poesia de Safo é habitualmente identificado à própria poeta, é leitura corrente que o *ele* é Cáraxo, com base em Heródoto (século V a.C., *Histórias*, II, 134-135), segundo quem uma *hetera* de nome Rodopis, feita escrava, foi levada para o Egito do faraó Amásis (*c.* 570 a.C.) por um homem que, depois, a libertou em troca de vultoso pagamento efetuado por "Cáraxo de Mitilene, filho de Escamandrônimo e irmão de Safo, a poeta"; e Heródoto diz: Cáraxo, em seguida, "retornou a Mitilene, e numa canção Safo muito o atacou, de maneira severa". Há nesse relato, porém, sérios problemas de cronologia; ademais, nada prova que Heródoto se refira ao nosso Fr. 5; e tampouco se justifica de fato a identificação automática de Safo ao *eu* da canção, o qual pode ser outra personagem. Na prece, identificadas as deidades, seguem-se os pedidos. Primeiro, de proteção ao navegante que retorna – função própria da atuação de Afrodite e das Nereidas, indicam seus cultos e imagens mítico-poéticas e iconográficas. Mas nos pedidos seguintes, nada há que os ligue de maneira especial às deidades invocadas; eles falam no cumprimento de todos os desejos do "irmão" – algo que recorda os versos 17-18 e 26-27 do Fr. 1 –, na reparação de seus erros passados, na atitude para com amigos e inimigos – "alegria" àqueles, males, a estes, de acordo com a ética grega tradicional. Falam ainda em algo relativo à sua "irmã", que não sabemos quem é.[17]

16. Verso 2.
17. Mantenho para o Fr. 5 (e outros) a edição Voigt (1971). Preferi não adotar reedições com base em novos papiros envoltos em complexas questões, das quais dá ideia a nota de retratação de Anton Bierl e André Lardinois, editores de *The newest Sappho* (Brill, 2016). Recomenda-me a prudência, mesmo se excessiva, aguardar a estabilização do cenário.

PRECE A AFRODITE, UMA PUNIÇÃO PARA DÓRICA (FR. 15)

]α μάκαι[ρ
[*versos 2–8: ilegíveis e lacunares*]
Κύ]πρι καί[σ]ε πι[κροτ.]αν ἐπεύρ[οι
μη]δὲ καυχάσ[α]ιτο τόδ' ἐννέ[ποισα
Δ]ωρίχα τὸ δεύ[τ]ερον ὡς πόθε[
]ερον ἦλθε.

... [tu] venturosa ...
...
Ó Cípris, e a mais amarga te descubra
e não se vanglorie isto contando – ela,
Dórica: como a segunda vez ...
... veio.

Comentário   A única fonte do Fr. 15 é o *Papiro de Oxirrinco* 1231 (século II d.C.). Acredita-se que se ligaria à mesma narrativa que enreda o Fr. 5, mas essa leitura carece de substância historicamente comprovada, e sofre de questionável biografismo ficcionalizante. Aqui, parece ser feita uma prece a Afrodite, ou "Cípris": o *eu* pede-lhe a punição de Dórica.[18] Segundo compreensões usuais, Safo estaria pedindo a punição de Dórica/ Rodopis, em benefício de Cáraxo e de si mesma. Como no caso do Fr. 5, todavia, além do biografismo, há os dados contraditórios dos testemunhos antigos, em geral, de caráter francamente anedótico. Note-se, por fim, que se revela de forma implícita no segundo pedido uma ação própria de Afrodite e dos deuses gregos como um todo, na sua relação com os mortais: gabar-se, vangloriar-se, é atitude em potencial perigosa para um mortal que, deixando-se levar pela arrogância e prepotência, pode bem esquecer os limites de sua condição e, por isso, ser punido.

18. Esse nome talvez esteja presente também no Fr. 7, se certa a emenda. O fragmento é de resto ilegível.

FRAGMENTO 22

[verso 1: ilegível e lacunar]
]εργον, ..λ'α..[
]ν ρέθος δοκιμ[
]ησθαι
]ν ἀυάδην χ.[
δ]ὲ μή, χείμων[
].οισαναλγεα.[
]δε
.]. ε.[...].[...κ]έλομαι σ.[
...].γυλα.[...]ανθι λάβοισα.α[
πᾶ]κτιν, ἄς σε δηῦτε πόθος τ.[
ἀμφιπόταται

τὰν κάλαν ἀ γὰρ κατάγωγις αὔτα[
ἐπτόαισ' ἴδοισαν, ἔγω δὲ χαίρω,
καὶ γὰρ αὔτα δήπο[τ'] ἐμεμφ[
Κ]υπρογέν[ηα

ὠς ἄραμα[ι
τοῦτο τω[
β]όλλομα[ι

... tarefa ...
...
... rosto ...
... desagradável ...
... e não, inverno ...
... dor ...
...
... peço a ti
... [ela], após pegar ...
... harpa, enquanto de novo o desejo ...
voa ao redor de ti –
a bela –; pois o vestido ...

vendo tremeste, e eu me alegro,
pois, certa vez, a própria ...
Ciprogênia ...
como rezo ...
isto ...
quero ...

Comentário   Nessa canção fragmentária, também preservada no *Papiro de Oxirrinco* 1231, dignas de notas são a referência à "harpa",[19] instrumento muito antigo e de procedência oriental, e ao voo do desejo, na imagem poética recorrente da excitação erótica, ao redor de um *tu* – voo este que se repete no presente da canção, como antes, no passado, revela o advérbio "de novo", *dēûte*,[20] a marcar, como no Fr. 1,[21] a intermitência de *éros*. A sensualidade da cena se intensifica com o vestido captado pelos olhos do *eu*, motivo de sua alegria e gatilho de uma recordação em que se insere Afrodite, a "Ciprogênia" ou "nascida em Chipre". São ligações tradicionais na poesia erótica de Safo e de outros poetas os binômios beleza–desejo e desejo–olhar. Afinal, sendo *éros* o desejo sexual, é pelos olhos que entra – os que contemplam a beleza do corpo físico. Mas o elemento do vestido e o modo como é enfocado na canção é muito característico da mélica de Safo, que amiúde realça peças do vestuário feminino. Sobre isso, um conjunto de fragmentos adiante traduzidos dirá algo mais.

19. [*Pâ*]*ktin*, verso 11.
20. Verso 11.
21. Versos 15, 16, 18.

FRAGMENTO 33

> αἴθ' ἔγω, χρυσοστέφαν' Ἀφρόδιτα,
> τόνδε τὸν πάλον <......> λαχοίην

...se ao menos eu, ó auricoroada Afrodite,
este lote ... obtivesse por parte ...

Comentário Estamos uma vez mais diante de uma canção-prece, em prol da obtenção de algo, com o auxílio da deidade invocada, em imagem dourada. O fragmento tem por fonte o tratado *Sobre a sintaxe* (3.247), do gramático Apolônio Díscolo (século II d.C.).

FRAGMENTO 65

[*versos 1-4 e 11: ilegíveis e lacunares*]

]Ψάπφοι, σεφίλ[
Κύπρωι β[α]σίλ[
]καίτοι μέγα δ.[
ὄ]σσοις φαέθων [
πάνται κλέος [
καί σ' ἐνν Ἀχέρ[οντ

ó Safo ...
[em] Chipre a rainha ...
e deveras grande ...
para tantos [ele] brilhando ...
em toda parte glória ...

e a ti, no Aqueronte ...

Comentário Preservado no *Papiro de Oxirrinco* 1787 (século III d.C.), cujos textos acham-se muito mutilados, o fragmento traz uma voz que se dirige a Safo e menciona a ilha de Chipre – referida junto a duas outras localidades[22] na única linha em que consiste o Fr. 35. Em seguida, talvez mencione sua mais importante deusa, Afrodite, no verso 2, como sua soberana. A ideia do *kléos* – a glória alcançada por grandes feitos, referida no Fr. 44, em sua narrativa mítica – se sobressai e pode estar vinculada à imortalização pela poesia pela fama, talvez o tema do último fragmento traduzido nesta antologia que congrega todas as canções de Safo, exceto pelos ilegíveis. Nesse sentido poderíamos entender a menção de um dos rios do Hades, o mundo dos mortos, no verso final, o Aqueronte, e igualmente a inserção da poeta como personagem dos versos por meio de seu próprio nome, na abertura que resta.

22. Pafos, na ilha, e Pânormos, na Sicília.

FRAGMENTO 73 A

[*versos 1-2: ilegíveis e lacunares*]
]αν Ἀφροδι[τα
ἀ]δύλογοι δ' ἐρ[
]βαλλοι
α]ις ἔχοισα
].ένα θαασ[ς
]άλλει
]ας ἐέρσας [

... ó Afrodite
de doce fala ...
... lançaria ...
... ela tendo
...
... orvalho ...

Comentário   Preservado na mesma fonte do Fr. 65, o 73 A mostra a *persona* a se dirigir a Afrodite no primeiro verso minimamente legível,[23] mas nada podemos saber da cena desenhada. O adjetivo *adýlogoi*, "de doce fala", no verso 4, talvez qualifique o termo *éros* na forma plural, *érōtes*, que, todavia, não se atesta em Safo.

---

23. Verso 3.

FRAGMENTO 86

[*verso 1: ilegível e lacunar*]
] αἰγιόχω λα[
]. Κυθέρη' εὔχομ[
]ον ἔχοισα θῦμο[ν
κλ]ῦθί μ' ἄρας αἴ π[οτα κἀτέρωτα
]ας προλίποισα κ[
]. πεδ' ἔμαν ἰώ[
]ν χαλέπαι.[

... porta-égide ...
... ó Citereia, eu rezo ...
... [tu], tendo ... coração ...
... ouve-me as preces, se já outrora
... [tu] tendo deixado ...
... para minha ...
... pesares ...

Comentário Tendo por fonte a mesma do fragmento anterior, o 86 de novo revela a *persona* a falar a Afrodite, nomeada Citereia – como no Fr. 140 e em boa parte da poesia grega antiga, pela sua ligação mítico-cultual com a ilha de Citera –, e em linguagem muito similar à do Fr. 1, da segunda estrofe.[24] É certo que é uma prece, possivelmente um hino clético à deusa, tal qual os Frs. 1 e 2, que igualmente refere Zeus, a quem o epíteto "porta-égide", *aigiókhō*,[25] costuma ser atribuído.

24. Versos 5–8.
25. Verso 2.

FRAGMENTO 101

χερρόμακτρα δὲ †καγγόνων†
πορφύραι †καταυταμενά-
τατιμάσεις† ἔπεμψ' ἀπὺ Φωκάας
δῶρα τίμια †καγγόνων†

... e panos de mão ...
purpúreas ...
... enviou da Fócea
dons preciosos ...

Comentário Citado no tratado *Sobre o estilo* (140 ss.), de Demétrio (século III a.C. ou I d.C.), os versos estariam no Livro 5 da compilação da obra de Safo na Biblioteca de Alexandria, e seriam, segundo ele, ditos pela poeta a Afrodite. Vestes e dons, tão importantes em Safo e marcados na deusa no Fr. 1, estão em cena, mas não podemos recuperar seu sentido. Demétrio explica que o primeiro dos elementos destina-se a enfeitar a cabeça; os versos estão severamente corrompidos; traduzo os termos compreensíveis.

FRAGMENTO 102

Γλύκηα μᾶτερ, οὔ τοι δύναμαι κρέκην τὸν ἴστον
πόθωι δάμεισα παῖδος βραδίναν δι' Ἀφροδίταν

Ó doce mãe, não posso mais tecer a trama –
domada pelo desejo de um menino, graças à esguia
[Afrodite ...

Comentário   O *eu* feminino desse fragmento, cuja fonte principal é o *Inquérito sobre os metros* (10.5), de Heféstion (século II d.C.), dirige uma queixa à sua "doce mãe", *glýkēa mâter*:[26] domada pela paixão por um menino, por ação de Afrodite, acha-se impotente, incapaz de prosseguir com o trabalho no tear. Na dupla de versos, compõe-se um cenário erótico muito apropriado a Afrodite, tramado no entrelaçamento da ação de domar, do desejo, da intervenção da deusa – a "tecelã de ardis", *dolóploke*,[27] no Fr. 1 –, e do tecer de tramas, tarefa feminina, que, metaforicamente, alude à ação de enganar, própria da sedução. Vale reparar ainda em como o fragmento ecoa a canção popular, da qual temos vestígios, tanto na referência ao trabalho, quanto no tema – a queixa da menina doente de paixão. O *eu* do fragmento é, pois, dramático, como o é na poesia grega antiga. Cabe atentar para a figura da mãe: na casa, espaço das mulheres, a ela cabia supervisionar os trabalhos e os deveres domésticos da família e de seus servos. E para o contraste entre a violenta ação de domar, executada por Afrodite, e sua imagem física delicada.

26. Verso 1.
27. Verso 2.

FRAGMENTO 112

Ὄλβιε γάμβρε, σοὶ μὲν δὴ γάμος ὡς ἄραο
ἐκτετέλεστ', ἔχηις δὲ πάρθενον, ἂν ἄραο.
σοὶ χάριεν μὲν εἶδος, ὄππατα <δ'...>
μέλλιχ', ἔρος δ' ἐπ' ἰμέρτωι κέχυται προσώπωι
<...> τετίμακ' ἔξοχά σ' Ἀφροδίτα

Ó feliz noivo, tua boda, como pediste,
se cumpriu, e tens a virgem que pediste.
Tua forma é graciosa, e ... olhos de
mel, e desejo se derrama na desejável face
... honra-te em especial Afrodite ...

Comentário Esse fragmento é de uma canção de casamento ou epitalâmio, como outros no item a essa espécie mélica dedicado nesta antologia, a ser entoado no decorrer dos eventos da cerimônia. Da importância do epitalâmio no *corpus* de Safo e, mais, no universo em que a poeta e seu coro de *parthénoi* se encontram, falei na introdução e na nota a esta segunda edição deste trabalho, lembrando, entre outras evidências que se somam às próprias canções de Safo, a existência de um livro só de mélica epitalâmica na compilação de sua obra em Alexandria, na famosa Biblioteca. Recordo ainda testemunhos antigos como o de Himério, retórico do século IV d.C., que diz na *Oração 9*,[28] ou *Epitalâmio para Severo*, seu aluno: "[...] os ritos de Afrodite foram deixados a Safo de Lesbos, para que os cantasse para a lira e os fizesse para o tálamo. Após os concursos, ela seguia para o tálamo, ornamentava o aposento nupcial, preparava o leito, recrutava as virgens, liderava-as ao quarto da noiva, e também Afrodite sobre o carro das Cárites – deusas Graças –, e o coro de Erotes, companheiro de folguedos".

No Fr. 112, canta-se a felicidade do noivo qualificado por ela, *ólbios*;[29] trata-se de um exemplo de *makarismós*, a tradicional

---
28. 33–47.
29. Verso 1.

"enunciação do casal como feliz e abençoado",[30] que vem da tradição popular, tal qual o elogio dos noivos, também feito nos versos. Vale a pena recordar que a fama dos epitalâmios sáficos parece ter sido ampla e duradoura; afinal, tardiamente, o sofista Corício de Gaza (século VI d.C.) dizia, na obra *Epitalâmios em Zacarias* (19): "Portanto, eu – para que a ti de novo agrade – com um canto sáfico adornarei a noiva…". Ou seja, não apenas as palavras do texto de um epitalâmio adornam os noivos, mas a própria canção, uma vez que sua função é louvar a aparência física e sedutora deles, de modo a estimulá-los ao enlace sexual, que concretiza a boda. O epitalâmio integra, assim, outros recursos voltados a essa mesma finalidade, como o banho ritual. A presença de Afrodite, deusa da beleza e do sexo, justifica-se plenamente, portanto. As fontes do fragmento são as já indicadas obras de Heféstion, referido no Fr. 102, e de Corício. Seus versos mostram que os epitalâmios sáficos não são exclusivamente femininos, pois "o casamento era uma etapa importante de transição na vida do homem, como na da mulher".[31] Porém, se a vida masculina se consolidava na esfera política e bélica, na feminina "a boda e a geração de prole era o foco final, o objetivo",[32] razão pela qual a noiva tem proeminência sobre o noivo nas festividades, algo que se reflete nas canções.

---

30. Swift, 2010, p. 246.
31. Swift, 2010, p. 249.
32. Swift, p. 250.

FRAGMENTO 133

Ἔχει μὲν Ἀνδρομέδα κάλαν ἀμοίβαν

∽

Ψάπφοι, τί τὰν πολύολβον Ἀφροδίταν...;

"Tem Andrômeda bela paga ..."

∽

"Ó Safo, por que a multiafortunada Afrodite ...?"

Comentário O Fr. 133 é um canto coral dialogado, similarmente ao 140, à frente. No verso 1, uma voz – ou um coro – faz uma constatação acerca de "Andrômeda"; no seguinte, lança uma pergunta a "Safo", *persona* da poeta no fragmento de uma canção de evidente caráter dramático. De acordo com leituras correntes, "Andrômeda" seria a poeta-líder de um grupo de meninas rival ao de Safo. Esse nome aparece também no Fr. 130, em contexto erótico que envolve outra personagem feminina, "Átis", referida em outros fragmentos de Safo. Mas a fragilidade de nosso conhecimento sobre Lesbos e sua sociedade precisa ser admitida: nada resta de Andrômeda, exceto seu nome na mélica sáfica materialmente frágil. O fragmento é de difícil leitura: fala-se em punição ou benefício? E o que encobre a lacuna do verso 2, em que Afrodite é dita – como o são os demais deuses gregos – venturosa, afortunada, feliz (*polýolbon*)?[33] Sua fonte de transmissão é o tratado do metricista Heféstion (14.7), referido no Fr. 102.

---

33. Verso 2.

FRAGMENTO 134

Ζὰ <.> ἐλεξάμαν ὄναρ Κυπρογενηα

Em sonho falei à Ciprogênia ...

Comentário O sonho, como percebido pelos antigos, surge como uma das formas de comunicação entre deuses e homens. O fragmento foi preservado em Heféstion (12.4), já referido no Fr. 102. Nele, projeta-se a intimidade da *persona* de Safo com Afrodite, pois não é a deusa que lhe fala, como tradicionalmente, mas a poeta que a ela se dirigiu no passado do sonho sonhado, que parece recontar a alguém.

AFRODITE E ADÔNIS, PAIXÃO E MORTE (FR. 140)

Κατθνάσκει, Κυθέρη', ἄβρος Ἄδωνις τί κε θεῖμεν;
καττύπτεσθε, κόραι, καὶ κατερείκεσθε χίθωνας.

"Morre, Citereia, delicado Adônis. Que podemos fazer?"

"Golpeai, ó virgens, vossos seios, e lacerai vossas vestes ..."

Comentário Segundo o viajante grego do século II d.C., Pausânias, Safo "sobre Adônis cantou";[34] prova isso o Fr. 140, centrado no contexto mítico da paixão de Afrodite por ele, e da sua morte. O belo jovem, associado estreitamente ao universo sacroerótico da flora, das plantas, dos arômatas, dos jardins – muito caro à deusa –, tornado alvo da paixão dela, acaba morto violentamente no auge de sua virilidade; na versão mais retomada, matou-o um javali, fato que deve se ligar à interdição do porco nos rituais a Afrodite, em muitos cultos gregos. Morto Adônis, a deusa sofre. Esse mito se acha nas tradições poéticas, iconográficas e religiosas, o que mostra a influência oriental em terras gregas, uma vez que a figura de Adônis é fenícia, em termos de sua origem – e Afrodite associa-se estreitamente ao Oriente. Ora, repare-se que a deidade do Fr. 140 é chamada "Citereia", em referência ao seu culto proeminente na ilha de Citera, de forte influência fenícia. Não é demais ressaltar que é também oriental o mito da deusa do sexo arrebatada por um jovem deus precocemente morto. O cenário mítico está plasmado no fragmento em registro fúnebre e dramático por um coro feminino, a morte de Adônis é afirmada, e a isso se segue uma indagação; a resposta vem em seguida, dita pela própria Afrodite.

---

34. *Descrição da Grécia*, IX, 29, 8.

Tal resposta, imperativa, demanda das *kórai*, "meninas" ou "virgens", a gestualidade fúnebre tradicional do lamento feminino, chamada *góos*), atestada na iconografia e na *Ilíada* XVIII,[35] no pranto das servas e das Nereidas pela morte de Pátroclo. Do ponto de vista das práticas cultuais relacionadas à morte de Adônis, o festival das Adonias era celebrado no início do verão, por mulheres adultas. Essa festa se atesta desde o século VI a.C., em várias partes do mundo grego, e ainda é feita no Egito do III a.C., agora de modo público e oficial. Durante as Adonias, as mulheres pranteavam Adônis, representando o sofrimento de Afrodite, exposto na canção sáfica. A mais antiga menção ao mito, ao culto e ao rito fúnebre dá-se no Fr. 140, cuja fonte é Heféstion (10.4), a mesma do Fr. 102. E como Herington[36] afirma, a estrutura dramática do Fr. 140, como a do 114, "antecipa" cenas semelhantemente trabalhadas na tragédia ática: "Somos colocados num evento mítico [...] que não está sendo narrado, mas imediatamente apresentado"; logo, temos que creditar a Safo, e a mais ninguém, o mais antigo fragmento de drama em verso, preservado em toda a tradição europeia [...]". Canto dialogado coral fúnebre, o fragmento anuncia a própria *performance* pública – possivelmente "uma *reperformance* da morte em vida de Adônis por um grupo de suas adoradoras".[37] Diga-se, por fim: "Um dos gêneros de discurso público associados à mulher tanto na Grécia arcaica, quanto na rural de hoje, é o lamento",[38] justamente o gênero do Fr. 140. Em conformidade com a lógica paidêutica do grupo coral liderada por Safo, a dramatização da dor lutuosa de Afrodite que ensina as moças a prantear a morte de Adônis permiti-lhes vivenciar no mito a experiência fúnebre, parte da vida cotidiana. Talvez a presença das meninas, em vez das mulheres – como nos cultos das Adonias –, se deva à dimensão da

35. 30–1, 50–1.
36. 1985, p. 57.
37. Herington.
38. Lardinois 1996, p. 172.

paideía das jovens do coro que, desse modo, "lamenta com ou como Afrodite a perda de Adônis".[39]

FRAGMENTO 168

ὦ τὸν Ἄδωνιν

Ó por Adônis!

Comentário Preservado por Mário Plotino Sacerdo (século III d.C.), em sua *Gramática* (III. 3), e atribuído a Safo pela presença de Adônis em sua mélica – o anterior Fr. 140 –, as palavras parecem lamentosas e talvez também pranteassem a morte do belo amado de Afrodite, lá cantado. Na canção perdida, de que temos só a sequência acima, a deusa poderia estar presente junto a ele.

---

39. Stehle 1997, p. 224.

FRAGMENTO 117 B

Ἔσπερ' ὑμήναον

∽

ὦ τὸν Ἀδώνιον

... Ó Vésper! Ó Himeneu!

∽

... Ó pelo Adônio!

Comentário Preservados pela mesma fonte do Fr. 168, como exemplares de métrica de himeneus, as canções de casamento – adiante as veremos – que na Biblioteca de Alexandria passaram a ser chamadas pelo termo epitalâmio,[40] as linhas não contíguas (**a**, **b**) viriam de uma composição talvez enlaçada ao mito de Adônis, de que falei no comentário ao Fr. 140, que canta sua morte e o luto de Afrodite, da qual foi o noivo em boda não consumada, segundo as tradições. Note-se a presença de Vésper, a Estrela da Tarde, que veremos na canção epitalâmica Fr. 104A. Não necessariamente é lamentosa a segunda linha (**b**); em vista do contexto epitalâmico que traz o deus da boda, do enlace sexual que a sela – ver o comentário ao Fr. 111, entre os epitalâmios –, pode ser celebratória à beleza do noivo que talvez projete, maximizando-a. No entendimento da edição Voigt,[41] as duas linhas de algum modo integrariam o Fr. 117, epitalâmio de verso único de saudações a noivo e noiva, como se verá na sua tradução, no item dedicado às canções desse tipo.

---

40. Literalmente, "sobre o leito nupcial, o tálamo".
41. De 1971.

Eros

NOTA INTRODUTÓRIA É forte em Safo a temática erótica, mas não tem a mesma presença marcante que Afrodite o deus Eros, que lhe será sempre subordinado, como filho ou servo, na tradição mítico-poética, iconográfica e cultual da Grécia antiga, como se vê no Fr. 159, abaixo. A relevância do universo feminino certamente favorece a proeminência de Afrodite sobre Eros. Na imagem sáfica do deus, projeta-se a concepção grega sobre o desejo, a paixão erótica: prazerosa e doce, mas sobretudo violenta, acre, dolorosa, doença de corpo e mente, força dominadora e intermitente.

FRAGMENTO 47

>   Ἔρος δ' ἐτίναξέ <μοι>
> φρένας, ὡς ἄνεμος κὰτ ὄρος δρύσιν ἐμπέτων.

... Eros sacudiu meus
sensos, qual vento montanha abaixo caindo sobre as
[árvores...

Comentário A fonte do fragmento é uma *Oração* (18), do retórico Máximo de Tiro (século II d.C.). Note-se como a imagem da tempestade ou ventania violenta é usada para falar de Eros a se abater sobre a *persona*, comprometendo sua estabilidade mental, na medida em que lhe atingi os "sensos", *phrénas*.[1] Veremos sobretudo no Fr. 31 a síntese do sofrimento erótico, mas já no Fr. 1[2] se faz presente.

1. Verso 2.
2. Versos 3-4.

FRAGMENTO 54

ἔλθοντ' ἐξ ὀράνω πορφυρίαν περθέμενον χλάμυν

... vindo do céu, envolto em purpúreo manto ...

Comentário Segundo a fonte, Pólux,[3] Safo descreve Eros quando canta o verso acima.

FRAGMENTO 130

Ἔρος δηὖτέ μ' ὁ λυσιμέλης δόνει,
γλυκύπικρον ἀμάχανον ὄρπετον

～

Ἄτθι, σοὶ δ' ἔμεθεν μὲν ἀπήχθετο
φροντίσδην, ἐπὶ δ' Ἀνδρομέδαν πότη‹ι›

... Eros de novo – deslassa-membros – me agita,
dulciamara inelutável criatura ...

～

... ó Átis, mas a ti tornou-se odioso meu
pensamento, e para Andrômeda alças voo ...

---

3. *Onomástico* 10.124, século II d.C.

Comentário   O primeiro par de versos sintetiza os elementos que marcam a imagem poética de *éros*, o deus ou a força. O segundo par traz duas figuras femininas outras vezes mencionadas nas canções de Safo,[4] entre as quais se insere, em chave de conflito, a 1ª pessoa do singular, cuja identidade nos escapa. O referido conflito pode ter caráter erótico, como indica a linguagem dos dois primeiros versos. E se Andrômeda é mesmo poeta rival de Safo, esta pode estar a censurar Átis,[5] nome de uma das virgens do coro outras vezes presente nas canções, por ter saído de seu grupo para passar ao daquela líder. O fragmento está preservado no tratado do metricista Heféstion (7.7), já referido no Fr. 102. Abaixo, na caracterização de Eros, merecem destaques os adjetivos compostos *lysimelés* – que Hesíodo já lhe dá na *Teogonia* (121) –, que marca a fragmentação do sujeito, e *glýkypikron* – primeiro doce, depois, amargo –, o adjetivo *amákhanon*, que marca a impotência em que se acha o amador diante de deus; e *órpeton*, que nomeia criaturas rastejantes, arrepiantes, como as serpentes que paralisam de temor o sujeito que as vê.

---

4. Frs. 133, 49, 96.
5. Além dos fragmentos que veremos aqui, o nome é a única palavra legível no Fr. 8.

FRAGMENTO 159

σύ τε κἄμος θεράπων Έρος

"... tu e meu servo, Eros ..."

Comentário   Máximo de Tiro, fonte do fragmento 47 e deste, afirma que, numa canção da poeta, Afrodite fala a Safo, estabelecendo a hierarquia corrente entre si e o deus que menciona.

FRAGMENTO 172

ἀλγεσίδωρος

... doa-dores ...

Comentário   A mesma fonte dos Frs. 47 e 159 preservou como sendo atribuída por Safo a Eros – o deus ou o desejo – a seguinte qualificação, coerente com sua imagem.

FRAGMENTO 188

μυθόπλοκος

... tecelão de palavras ...

Comentário   Citado por Máximo de Tiro, fonte do Fr. 47, o 188 traz apenas uma palavra, *mythoplókon*, que teria sido dita sobre Eros por Safo, diz o antigo retórico. O adjetivo pode se referir à eloquência da sedução, potencialmente enganadora, como indicaria o tecer que no mundo erótico tem tal conotação, como vimos no Fr. 1 e no epíteto *dolóploke* para Afrodite, a "tecelã de ardis".[6]

6. Verso 2.

Ártemis

FRAGMENTO 44 A

[verso 1: ilegível e lacunar]

Φοίβωι χρυσοκό]μαι τὸν ἔτικτε Κόω .[
μίγεισ(α) Κρ]ονίδαι μεγαλωνύμω<ι>
Ἄρτεμις δὲ θέων] μέγαν ὄρκον ἀπώμοσε
κεφά]λαν ἄϊ πάρθενος ἔσσομαι
].ων ὀρέων κορύφαισ' ἔπι
]δε νεῦσον ἔμαν χάριν
ἔνευ]σε θέων μακάρων πάτηρ
ἐλαφάβ]ολον ἀγροτέραν θέοι
].σιν ἐπωνύμιον μέγα
]ερος οὐδάμα πίλναται
].[.]...μαφόβε[..]έρω

[versos 1–4 e 10: ilegíveis e lacunares]

Μοισαν ἀγλα[
πόει καὶ Χαρίτων[
βραδίνοις ἐπεβ.[
ὄργας μὴ 'πιλάθε.[
θνάτοισιν πεδχ[
]δαλίω[

... a Febo auricomado, a quem [...] gerou de Coios ...
... unida ao Cronida de grande nome.
... mas Ártemis jurou a grande jura dos deuses:
"... para sempre virgem serei
... sobre os cimos das montanhas
... concede-me este favor".
... concedeu-o o pai dos deuses venturosos
... flecha-cervos, a selvagem, os deuses
... grande título
[Eros] dela nunca se achega ...

∽

... Musas esplêndidas ...
faz... das Cárites ...
esguios ...
a cólera não esquecer ...
mortais ...

Comentário Apenas neste fragmento, e no de resto ilegível Fr. 84, cuja fonte é o *Papiro Fouad* 239 (séculos II ou III d.C.), surge Ártemis em seu desenho tradicional de eterna virgem caçadora, irmã de Apolo, filha de Leto, que bosques percorre, cercada de animais. A virgindade, desejada pela deusa, concedeu-a Zeus à filha, conta o *Hino homérico a Afrodite* (século IV a.C.), de autoria incerta.

As Cárites ou « Graças »

NOTA INTRODUTÓRIA Quase sempre nomeadas coletivamente, as deusas integram o séquito de Afrodite. Esse elo reflete afinidades sobretudo no universo erótico, uma vez que as deusas, cujo nome é a forma do plural de *kháris* – conceito que vai de "graça, charme, regozijo, prazer", no sentido físico, a "favor dos deuses", no âmbito da reciprocidade das relações –, favorecem a beleza e a sedução na esfera do sexo, a festa e a alegria na da vida cotidiana, o vigor, o crescimento e a renovação, nas esferas humana e vegetal. São as Cárites filhas de Zeus e integrantes da ordem olímpica, indica o Fr. 53, em que recebem um epíteto dado por Safo também a Eos, a Aurora, na "Canção sobre a velhice"; tal epíteto, ao evocar a rosa, flor predileta de Afrodite, joga tintas eróticas sobre o desenho das deusas. E são as Cárites, segundo a *Teogonia*,[1] de Hesíodo, vizinhas das Musas e de Hímeros (Desejo) no Olimpo – imagem refletida na presença daquelas deusas e do erotismo no Fr. 128. Deste – cuja fonte é Heféstion (9.2), como no caso do Fr. 102 – e do Fr. 53 – cuja fonte é um comentário antigo ao *Idílio* 28, do poeta Teócrito (séculos IV–III a.C.) –, temos os respectivos versos inaugurais de *hinos cléticos*.

---

1. Versos 64–67.

FRAGMENTO 53

Βροδοπάχεες ἄγναι Χάριτες δεῦτε Δίος κόραι

Para cá, ó sacras Cárites de róseos braços, meninas de Zeus...

FRAGMENTO 128

Δεῦτέ νυν ἄβραι Χάριτες καλλίκομοί τε Μοῖσαι

Para cá, vós, delicadas Cárites e Musas de belas comas, ...

Eos, a Aurora

FRAGMENTO 123

ἀρτίως μὲν ἀ χρυσοπέδιλος Αὔως

... recentemente Eos, de áurea sandália, ...

Comentário O destaque ao adorno dos pés enfatiza o erotismo da imagem; pés, braços, cabelos, colo/ seio e olhos são do corpo feminino as partes mais enfocadas na linguagem erotizante da poesia grega. Isso se intensifica na menção ao ouro; afinal, só uma deusa é dita simplesmente "áurea" nos poemas homéricos e na maior parte da poesia antiga: Afrodite. O fragmento tem por fonte o tratado *Sobre palavras similares, mas diferentes* (75), do gramático Amônio (século II d.C.). Nele, como no Fr. 157, em que lemos apenas "soberana Eos", e na "Canção sobre a velhice", a deusa da Aurora se faz presente.

Hera

FRAGMENTO 17

Πλάσιον δη μ[
πότνι' Ἥρα σὰ χ[
τὰν ἀράταν Ἀτ[ρείδαι   κλῆ-]
τοι βασίληες
ἐκτελέσσαντες μ[
πρῶτα μὲν περι.[
τυίδ' ἀπορμάθεν[τες
οὐκ ἐδύναντο

πρὶν σὲ καὶ Δί' ἀντ[
καὶ Θυώνας ἰμε[
νῦν δὲ κ[
κὰτ τὸ πάλ[

ἄγνα καὶ κα[
π]αρθ[εν
ἀ]μφι.[
[versos 16-8: ilegíveis e lacunares]

ἔμμεναι[
[?]ρ ἀπίκε[σθαι.

Perto, cá ...
veneranda Hera, teu ...
a prece ... os Atridas,
os reis,

e perfizeram ...
primeiro em redor ...
para cá tendo partido ...
não conseguiam,

e, antes de a ti, Zeus dos suplicantes ...
e ao adorável ... filho de Tione;
mas agora ...
tal qual no passado,

sacro e ...
de moças ...
em torno ...
...

ser ...
Hera ..., vir.

Comentário   O fragmento, uma prece a Hera, é bastante precário, e suas principais fontes são o *Papiro de Oxirrinco* 1231, rolo em que também se preservaram os Frs. 15 e 22, e o *Papiro de Milão* II 123. São nomeados Hera,[1] Zeus e Dioniso – "filho de Tione",[2] epíteto de Sêmele, a princesa tebana com quem Zeus o gerou e que foi imortalizada, após a morte pela visão do deus em seu terrível brilho e esplendor. Essa junção faz pensar no santuário das três divindades em Messa, em Lesbos. A referência aos Atridas, Agamêmenon e Menelau, por sua vez, traz à prece no presente (11) o mundo do passado mítico de Troia; aos Atridas remontaria a fundação do culto lésbio à deusa invocada na canção, quando de seu regresso de Troia a Argos. E as referências a algo sagrado e a moças virgens fazem pensar em algo relativo ao culto no contexto de um exílio, considerando que talvez Zeus receba no verso 9 o epíteto cultual *antaîos*, "dos suplicantes", que Alceu, o poeta lésbio contemporâneo a Safo, e por duas vezes exilado, confere ao deus no Fr. 129; e no templo de Hera ele vê um concurso de beleza no Fr. 130 B. Diga-se, por fim, que o nome da deusa[3] e "festividade", *eórtan*,[4] são as únicas palavras legíveis do Fr. 9, indicativas de culto a Hera, como um pouco melhor vemos neste Fr. 17.

1. Versos 2 e talvez 20.
2. Verso 10.
3. Verso 4.
4. Verso 3.

Musas

FRAGMENTO 32

αἴ με τιμίαν ἐπόησαν ἔργα
τὰ σφὰ δοῖσαι

... elas [as Musas] me fizeram honrada, suas próprias obras doando-me ...

Comentário A fonte do fragmento é *Sobre os pronomes* (144A), de Apolônio Díscolo, gramático que, noutro tratado, preservou também o já visto Fr. 33. O gênero feminino do *eu* e a menção de seus *érga*, "trabalhos", como "dons" que a tornam honrada levam a pensar que o sujeito feminino coletivo no pronome *aí*[1] deve ser divino – deve ser o conjunto das Musas. Logo, tais dons seriam o da poesia, no entendimento mais comum da expressão.

FRAGMENTO 124

αὔτα δὲ σὺ Καλλιόπα

... e tu mesma, ó Calíope, ...

Comentário Preservado em Heféstion, como o 102, o fragmento nomeia a líder das Musas, "Bela Voz", como a retrata Hesíodo no catálogo de seus nomes.[2]

1. Verso 1.
2. *Teogonia*, versos 77–80.

FRAGMENTO 127

Δεῦρο δηὖτε Μοῖσαι χρύσιον λίποισαι ...

Para cá, de novo, ó Musas, deixando a áurea [casa de Zeus] ...

Comentário O fragmento, citado em Heféstion (15.25), como o 102, consiste, pode-se imaginar, no verso inaugural de um *hino clético* às Musas, invocadas a deixarem, talvez, a casa de Zeus, no Olimpo, regularmente "áurea" na poesia grega antiga. O chamamento, repetido no presente da prece, deve ter por pedido algo relativo a essas deusas, como a habilidade poética.

FRAGMENTO 150

οὐ γὰρ θέμις ἐν μοισοπόλων <δόμωι>
θρῆνον ἔμμεν' <...> οὔ κ' ἄμμι πρέποι τάδε

... pois não é correto na casa dos servos das Musas
haver o treno; ... isso não nos seria adequado ...

Comentário   De acordo com a fonte, Máximo de Tiro,[3] que também preservou o Fr. 47, anteriormente traduzido, "Sócrates ficou bravo com Xantipe que se lamentava enquanto ele morria", em referência ao final do *Fédon*, de Platão (séculos v–iv a.C.), "e Safo ficou brava com sua filha", segundo os testemunhos, de nome Cleis, conforme ainda se verá. A leitura é claramente biografizante; de seguro, vemos a ênfase na adequação: na casa de quem serve deidades luminosas como as Musas, não se admite o canto lamentoso, ou seja, o treno, a nênia. Mas se Safo é serva dessas deusas, vale lembrar que sua poesia escapa à restrição, pois há em seu *corpus* ao menos um canto lamentoso fúnebre, o Fr. 140, que, portanto, problematiza o biografismo da interpretação do fragmento cuja cena perdemos. Ademais, o canto da Musa não tem, na visão grega antiga, restrição do tipo que se percebe no Fr. 150. Lembre-se que a *Ilíada*, poema aberto por uma invocação à Musa, é de caráter profundamente trágico.

---

3. *Oração* 18.

Deuses vários em inícios frustrados

FRAGMENTO 103

[*verso 1: ilegível e lacunar*]

].ατε τὰν εὔποδα νύμφαν [

].τα παῖδα Κρονίδα τὰν ἰόκ[ολπ]ον [

].ς ὄργαν θεμένα τὰν ἰόκ[ολ]πος α[

].. ἄγναι Χάριτες Πιερίδέ[ς τε] Μοῖ[σαι

].[. ὄ]πποτ' ἀοιδαι φρέν[...]αν.[

]σαιοισα λιγύραν [ἀοί]δαν

γά]μβρον, ἄσαροι γὰρ ὐμαλικ[

]σε φόβαισι θεμένα λύρα .[

]..η χρυσοπέδιλ[ο]ς Αὔως

... a noiva de belos pés ...

... a filha de colo violáceo do Cronida ...

... a raiva pondo ... a de violáceo colo ...

... sacras Cárites e Piérias Musas ...

... quando ... canções ...

... clara canção ...

... noivo, pois atrevidos coevos ...

... cachos, pondo a lira ...

... Eos de áurea sandália ...

Comentário   Preservado no *Papiro de Oxirrinco* 2294 (século II d.C.), o fragmento traz, explica a fonte, dez versos de abertura de dez distintas canções, mencionando vários deuses: uma não identificável filha de Zeus, o filho de Crono; as Cárites; as Musas Piérias e Eos. Traduzo os mais legíveis, como é sempre o caso nesta antologia, dos quais o primeiro e o sétimo podem ser de epitalâmios, espécie mélica de que vimos o Fr. 112, e outros ainda veremos. Noto, quanto ao verso inicial, que traz os mesmos termos (*eúpoda nýmphan*), na mesma sequência e declinação em que se acham no Fr. 103B, no qual só se lê ainda uma palavra, "quarto nupcial", *thalámō*.

Cenas míticas

A SAGA TROIANA: AS BODAS DE HEITOR E ANDRÔMACA (FR. 44)[1]

Κυπρο.[-22-   ]ας
κάρυξ ἦλθε θε[-10-   ]ελε[...].θεις
Ἴδαος ταδεκα...φ[...].ις τάχυς ἄγγελος
<   >
τάς τ' ἄλλας Ἀσίας .[.]δε.αν κλέος ἄφθιτον
Ἔκτωρ καὶ συνέταιρ[ο]ι ἄγοισ' ἑλικώπιδα
Θήβας ἐξ ἱέρας Πλακίας τ' ἀπ' [ἀι]ν<ν>άω
ἄβραν Ἀνδρομάχαν ἐνὶ ναῦσιν ἐπ' ἄλμυρον
πόντον πόλλα δ' [ἐλίγματα χρύσια κἄμματα
πορφύρ[α] καταῦτ[με]να, ποίκιλ' ἀθύρματα,
ἀργύρα τ' ἀνάριθμα ποτήρια κἀλέφαις.' '
ὢς εἶπ' ὀτραλέως δ' ἀνόρουσε πάτ[η]ρ φίλος
φάμα δ' ἦλθε κατὰ πτόλιν εὐρύχορον φίλοις.
αὔτικ' Ἰλίαδαι σατίναι[ς] ὐπ' ἐυτρόχοις
ἆγον αἰμιόνοις, ἐπ[έ]βαινε δὲ παῖς ὄχλος
γυναίκων τ' ἄμα παρθενίκα[ν] τ...[.].σφύρων,
χῶρις δ' αὖ Περάμοιο θυγ[α]τρες[
ἴππ[οις] δ' ἄνδρες ὔπαγον ὐπ' ἄρ[ματα
π[   ]ες ἠίθεοι, μεγάλω[σ]τι δ[
δ[   ]. ἀνίοχοι φ[...].[
π[   ]ξα.ο[

1. Ver artigo Ragusa, "Heitor e Andrômaca, da festa de bodas à celebração fúnebre: imagens épicas e líricas do casal na *Ilíada* e em Safo (Fr. 44 voigt)". *Calíope* 15, 2006, pp. 36–63.

[*alguns versos perdidos*]
     ἴκελοι θέοι|ς
     ] ἄγνον ἀολ|λε
ὄρμαται [   ]νον ἐς Ἴλιο|ν
αὖλος δ' ἀδυ[μ]έλης [ ]τ' ὀνεμίγνυ|το
καὶ ψ[ό]φο|ς κροτάλ|ων]ως δ' ἄρα πάρ|θενοι
ἄειδον μέλος ἄγν|ον ἴκα|νε δ' ἐς αἴθ|ερα
ἄχω θεσπεσία γελ [
πάνται δ' ἦς κὰτ ὄδο|ις
κράτηρες φίαλαί τ' ὀ[...]νεδε[..]..εακ[.].[
μύρρα καὶ κασία λίβανός τ' ὀνεμείχνυτο
γύναικες δ' ἐλέλυσδον ὄσαι προγενέστερα|ι
πάντες δ' ἄνδρες ἐπήρατον ἴαχον ὄρθιον
πάον' ὀνκαλέοντες Ἐκάβολον εὐλύραν,
ὔμνην δ' Ἔκτορα κ' Ἀνδρομάχαν θεο<ε>ικέλο|ις.

... Veio o arauto ...
Ideu..., veloz mensageiro:
"... e do resto da Ásia ... glória imperecível.
Heitor e os companheiros a de vivos olhos trazem
de Tebas sacra e da Plácia de fontes perenes – ela,
delicada Andrômaca –, nas naus, sobre o salso
mar. E muitos áureos braceletes e vestes
de púrpura fragrantes, adornos furta-cor,
incontáveis cálices prateados e marfins".
Assim ele falou; e rápido ergueu-se o pai querido;
e a nova, cruzando a ampla cidade, chegou aos amigos.
De pronto os troianos às carruagens de boas rodas
atrelaram as mulas, e nelas subiu toda a multidão
de mulheres e junto as virgens ... tornozelos
mas apartadas as filhas de Príamo
e cavalos os homens atrelaram aos carros
... moços solteiros, e por um largo espaço
... os condutores das carruagens
... símeis aos deuses

... sacro, em multidões
rumou ... em direção a Ílio
e o aulo de doce som ... se misturou
e o som dos crótalos ... e então as virgens
cantaram uma canção sacra e chegou aos céus
eco divino ...
e em toda parte estava ao longo das ruas
crateras e cálices ...
mirra e cássia e incenso se misturavam,
e as mulheres soltavam alto brado, as mais velhas,
e todos os homens entoavam adorável e alto
peã invocando o Arqueiro hábil na lira,
e hineavam Heitor e Andrômaca, aos deuses símeis.

Comentário Esse fragmento, cujas fontes são os *Papiros de Oxirrinco* 1232 e 2076,[2] leva-nos à saga de Troia e a personagens que vemos principalmente na *Ilíada*: o arauto Ideu, o herói troiano Heitor, irmão de Páris, e sua esposa, Andrômaca, o rei troiano Príamo, o deus Apolo, protetor dos troianos na guerra. Além disso, mostra-nos o único exemplar de narrativa mítica epicizante em Safo, cujos versos ditos por um narrador distanciado dividem-se na chegada do arauto e anúncio da vinda dos noivos Heitor e Andrômaca,[3] e, depois, no espalhar dessa mensagem cidade afora, iniciando-se com isso a procissão festiva em honra do casal.[4] A linguagem, a atmosfera e a métrica que constroem essas etapas estão permeadas pela tradição épico-homérica; note-se, por exemplo, a inescapável expressão do verso 4, "glória imperecível", *kléos áphthiton*, síntese do ideal heroico a alcançar, a ser preservado no canto épico, recorda a *Ilíada*,[5] pela boca de seu grande herói, Aquiles.

2. Primeiras metades dos séculos III e II d.C., respectivamente.
3. Versos 1–10.
4. Versos 11–34.
5. Canto IX, verso 413.

No discurso do arauto, repare-se no elogio dos noivos e no pequeno catálogo do valioso e belo dote da princesa da Tebas asiática, Andrômaca, foco da celebração do casamento, como deve ser a noiva. A importância da referência ao dote é melhor compreendida quando se pensa o casamento na vida das jovens gregas, momento crucial que lhes atribui novo *status* social – o de esposa – e gera muitas mudanças: a saída da casa paterna e às vezes também da pátria; a inserção na casa do marido e/ ou numa realidade geográfica e cultural diversa; a transformação da virgem em mulher que tem vida sexual e que deverá garantir a continuidade das linhagens e administrar o espaço doméstico. A questão do dote relaciona-se intimamente à da legitimidade da união na Grécia antiga. Vale lembrar que o dote da esposa se destina à prole do casal, que precisava ser protegida no caso de perda do(s) pai(s) ou de separação. A procissão (verso 13) é etapa típica das cerimônias de casamento, e a mais retratada na iconografia grega, dada sua relevância de sanção pública à união celebrada naquelas festas, em geral muito elaboradas e estendidas ao longo de vários dias, buscando propiciar, de todas as maneiras possíveis, o enlace sexual que tornava legítima e consumada a união. Vale observar o tom em crescendo da festa, com mistura de cantos, instrumentos de sopro, *aulo*, e percussão, *crótalo*, de líquidos – nas "crateras",[6] grandes jarros de larga boca, vinho misturado à água – e arômatas – entre eles, o incenso,[7] mencionado pela primeira vez, produto semítico –, que termina no apogeu da celebração dos noivos sob os auspícios de um canto a Apolo, o *peã* em que se integra a cidade e com o qual louva o deus do arco e flecha – da guerra que devastará a cidade e destruirá essa boda tão alegremente celebrada –, e o deus da lira que favorece a música, os cantos, a festa do tempo presente. Há, pois, no fragmento, um caráter epitalâmico, mas não há elementos consistentes para qualificá-lo como exemplar do subgênero mélico dos epitalâmios.

---

6. *Krátēres*, verso 29.
7. *Líbanos*, verso 30.

Por fim, não se pode deixar de lembrar que o casal Heitor e Andrômaca protagoniza no canto VI[8] da *Ilíada* uma das cenas mais comoventes de despedida entre cônjuges afetuosamente próximos um do outro e do filho, o bebê Astiánax. Essa cena empresta ao poema épico grande densidade trágica, pois, ao acenar para a morte certa de Heitor, acena para a ruína de Troia e de seus elos mais frágeis: mulheres e crianças, em geral mortas ou escravizadas pelos vitoriosos. A carga dramática intensifica-se pela ironia trágica de que Heitor perecerá pelas mãos de Aquiles, que já haviam matado o pai e os irmãos de Andrômaca; Aquiles cuja sombra parece pairar sobre a canção, na expressão "glória imperecível", que profere na *Ilíada* e que o fragmento sáfico enuncia pela boca de Ideu, e na palavra final da canção que termina, no texto grego e na tradução, com o adjetivo "aos deuses símeis", *theoeikélois*, dado aos noivos em Safo, mas ao herói grego na *Ilíada*.[9] Essa lembrança confere ao fragmento, tão alegre e festivo, grande tristeza e melancolia, e entrelaça casamento e morte, duas etapas de transição na trajetória humana, cujas cerimônias guardam muitos paralelos no imaginário grego ao qual são característicos.[10]

8. Versos 369–502.
9. I, verso 131; XIX, verso 155.
10. Redfield, 1982, p. 188.

FRAGMENTO 141

κῆ δ' ἀμβροσίας μὲν
κράτηρ ἐκέκρατ'
Ἔρμαις δ' ἔλων ὄλπιν θέοισ' ἐοινοχόαισε.
κῆνοι δ' ἄρα πάντες
καρχάσι' ἦχον
κἄλειβον ἀράσαντο δὲ πάμπαν ἔσλα γάμβρωι

... e depois que uma cratera
de ambrosia foi misturada à água,
Hermes, tomando o jarro, vinhoverteu aos deuses.
E todos eles
seguravam cálices,
e libavam, e aguraram bons votos ao noivo ...

Comentário Ateneu (séculos II-III d.C.), *Banquete dos eruditos* (10.425 CD, 475 A) é a principal fonte do fragmento. A cena do banquete nupcial pode ser da boda da Nereida Tétis e do mortal Peleu, pais de Aquiles, o grande herói grego da Guerra de Troia e da epopeia homérica *Ilíada*. Ateneu afirma, antes da citação, que "Alceu introduz Hermes como um servidor de vinho dos deuses, exatamente como Safo". Note-se a referência ao alimento dos deuses, ambrosia, *ambrosías*, e a fusão do divino ao mortal na imagem do banquete em que o alimento dos deuses é objeto do verbo "vinhoverteu", *eoinokhóēse*,[11] que encerra em si o líquido mais nobre dos mortais – verbo visto já na festividade em espaço sacroerótico do Fr. 2, em que Afrodite e néctar se combinam no *vinhoverter* nas taças.

---

11. Verso 3.

FRAGMENTO 142

Λάτω καὶ Νιόβα μάλα μὲν φίλαι ἦσαν ἔταιραι

... Leto e Níobe eram as mais caras companheiras ...

Comentário Preservado em Ateneu, o verso abaixo traz novamente, agora no plural, o termo "companheira", *étaira*, já visto no 126, desta vez ligando o *eu* poético aos nomes de duas figuras míticas: a mãe de Ártemis e Apolo, Leto, e Níobe, rainha que teve 14 filhos[12] – números que variam nas tradições –, e que, comparando-se a Leto, insultou a deusa que tinha apenas dois. Mas estes então puniram a mortal, matando-lhe toda a prole, e ela, sucumbindo à dor que dela tudo drenou, metamorfoseou-se em rocha. Não é possível afirmar com certeza, mas o fragmento parece mítico, e nele as três figuras aparecem estreitamente associadas, tanto pelo termo *étairai*, quanto pelo adjetivo que o precede.

---

12. Sete homens, sete mulheres.

LEDA E ZEUS (FR. 166)

φαῖσι δή ποτα Λήδαν ὐακίνθινον
<...> ὤιον εὔρην πεπυκάδμενον

... dizem que um dia Leda achou um ovo jacintino
na cor, coberto ...

Comentário Em certa tradição mítica, Zeus seduziu Leda, esposa de Tíndaro, disfarçando-se de cisne; o ovo por ela descoberto traria os gêmeos Castor e Polideuces, os Dióscuros – o primeiro mortal, e o segundo, imortal –, sendo a eles permitido desfrutar de ambas as condições alternadamente. Na canção de Safo, esse mito parece aludido, mas a cor do ovo contrasta de modo drástico com a usual, e nos leva ao universo erótico das paisagens de enlace sexual, das quais o jacinto é flor integrante. Cabe lembrar que os Dióscuros, noutras tradições, são simplesmente filhos de Tíndaro e Leda, ou, noutras ainda, heróis de dupla ascendência. A fonte do fragmento é Ateneu (2.57d).

Canções de recordação

«ODE A ANACTÓRIA» (FR. 16)

Ο]ἰ μὲν ἰππήων στρότον οἰ δὲ πέσδων
οἰ δὲ νάων φαῖσ' ἐπ[ὶ] γᾶν μέλαι[ν]αν
ἔ]μμεναι κάλλιστον, ἔγω δὲ κῆν' ὅτ-
τω τις ἔραται

πά]γχυ δ' εὔμαρες σύνετον πόησαι
π]άντι τ[ο]ῦτ', ἀ γὰρ πόλυ περσκέθοισα
κάλλος [ἀνθ]ρώπων Ἐλένα [τὸ]ν ἄνδρα
τὸν [αρ]ιστον

καλλ[ίποι]σ' ἔβα 'ς Τροΐαν πλέοι[σα
κωὐδ[ὲ πα]ῖδος οὐδὲ φίλων το[κ]ήων
πά[μπαν] ἐμνάσθ<η>, ἀλλὰ παράγαγ' αὔταν
[versos 12-4: ilegíveis e lacunares]

..]με νῦν Ἀνακτορί[ας ὀ]νέμναι-
σ' οὐ] παρεοίσας,

τᾶ]ς <κ>ε βολλοίμαν ἔρατόν τε βᾶμα
κἀμάρυχμα λάμπρον ἴδην προσώπω
ἢ τὰ Λύδων ἄρματα κἀν ὄπλοισι
πεσδομ]άχεντας.

].μεν οὐ δύνατον γένεσθαι
].ν ἀνθρωπ[..(.) π]εδέχην δ' ἄρασθαι
[versos 23-31: 23-7 perdidos, 28-31 ilegíveis e lacunares]

τ' ἐξ ἀδοκή[τω.

Uns, renque de cavalos, outros, de soldados,
outros, de naus, dizem ser sobre a terra negra
a coisa mais bela, mas eu: o que quer
que se ame.

De todo fácil fazer ver a
todos isso, pois a que muito superou
em beleza os homens, Helena, o marido,
o mais nobre,

tendo deixado, foi para Troia navegando,
até mesmo da filha e dos queridos pais
de todo esquecida, mas desencaminhou-a ...

agora traz-me Anactória à lembrança,
a que está ausente, ...

Seu adorável caminhar quisera ver,
e o brilho luminoso de seu rosto,
a ver dos lídios as carruagens e a armada
infantaria.

... impossível vir a ser
... humano ... partilhar e rezar
...
e inesperadamente.

Comentário Ao lado dos Frs. 1 e 31, o 16 é seguramente um dos mais estudados da mélica sáfica, sobretudo por conta da exemplificação mítica da afirmação feita no *priamel* – como se designa a estrofe inicial, em que a uma série de negativas coloca-se uma afirmativa, do ponto de vista da voz poética – e da alegada facilidade de sua compreensão,[1] que soa aos nossos ouvidos como ironia. Isso porque não está claro se o mito recordado, da fuga de Helena, esposa de Menelau (não nomeado), e Páris, o príncipe troiano não nomeado, é exemplo negativo, o que se alinharia à imagem prevalecente na poesia grega antiga, após os poemas homéricos – nos quais, todavia, não há a condenação de Helena senão por ela mesma –, ou se positivo, o que tornaria singular a imagem do fragmento. A ambiguidade que já caracteriza o olhar para a personagem naqueles poemas épicos também se verifica no Fr. 16 de Safo: Helena é o *exemplum* da afirmação da estrofe inicial sobre o *tò kálliston*, "a coisa mais bela", mas é aquela que quebrou os contratos sociais mais relevantes de seus papéis de filha e esposa, pois abandonou pais e marido "o mais nobre", *tòn… áriston*,[2] talvez sob coação divina, se Afrodite é personagem da terceira estrofe. Tais crimes são lembrados por Alceu, o poeta lésbio contemporâneo a Safo, em similar dicção no Fr. 283, que sobretudo condena Helena pela Guerra de Troia e seus incontáveis mortos, tal qual faz no Fr. 42, mas enfocando outros elementos. Merece atenção, ainda, a oposição *éros*–guerra, sobre a qual se elaboram os versos, e a referência ao rico reino oriental da Lídia, na Ásia Menor, com que estava ligada a aristocracia da arcaica Mitilene. E a possibilidade de que haja um viés metalinguístico relativo às escolhas temáticas da poeta da mélica arcaica. A fonte do fragmento, *Papiro de Oxirrinco* 1231, é a mesma dos Frs. 15, 17 e 22. A jovem distante, não mais em Lesbos, parece ser uma das coreutas da associação coral de Safo, uma das *parthénoi*, das moças, cuja partida pode coincidir com sua transição ao mundo do casamento. Resta a memória de sua beleza e graça, canta a canção que a celebra.

1. Versos 5–6.
2. Verso 8.

FRAGMENTO 96

]σαρδ.[...]
πόλ]λακι τυίδε [.]ων ἔχοισα

ὠσπ.[...].ώομεν, .[...]..χ[...]
σε †θεασικελαν ἀρι-
γνωτα†, σᾶι δὲ μάλιστ' ἔχαιρε μόλπαι

νῦν δὲ Λύδαισιν ἐμπρέπεται γυναί-
κεσσιν ὤς ποτ' ἀελίω
δύντος ἀ βροδοδάκτυλος <σελάννα>

πάντα περ<ρ>έχοισ' ἄστρα φάος δ' ἐπί-
σχει θάλασσαν ἐπ' ἀλμύραν
ἴσως καὶ πολυανθέμοις ἀρούραις

ἀ δ' <ἐ>έρσα κάλα κέχυται τεθά-
λαισι δὲ βρόδα κἄπαλ' ἄν-
θρυσκα καὶ μελίλωτος ἀνθεμώδης

πόλλα δὲ ζαφοίταισ' ἀγάνας ἐπι-
μνάσθεισ' Ἄτθιδος ἰμέρωι
λέπταν ποι φρένα κ[.]ρ... βόρηται

κῆθι δ' ἔλθην ἀμμ.[...].ισα τόδ' οὐ
νωντα[...]υστονυμ[..(.)] πόλυς
γαρύει[...(.)]αλον[...(.)]το μέσσον

ε]ὔμαρ[ες μ]ὲν οὐ.α..μι θέαισι μόρ-
φαν ἐπή[ρατ]ον ἐξίσω-
σθαι συ[..]ρος ἔχη<ι>σθα[...].νίδηον

[versos 24-5: ilegíveis e lacunares]

καὶ δ[.]μ[   ]ος Ἀφροδίτα

καμ[   ]νέκταρ ἔχευ' ἀπὺ
χρυσίας [ ]ναν
....(.)]απουρ[   ]χέρσι Πείθω

[versos 30-2: ilegíveis e lacunares]

125

[   ]ες τὸ Γεραίστιον
[   ]ν φίλαι

[*versos 35-6: ilegíveis e lacunares*]

... Sárdis ...
muita vez para cá ... ela tendo
...
... qual deusa manifesta,
e [ela] muito se deleitava com tua dança-canção.

Mas agora ela se sobressai entre Lídias
mulheres como, depois do sol
posto, a dedirrósea lua

supera todas as estrelas; e sua luz se esparrama
por sobre o salso mar
e igualmente sobre multifloridos campos.

E o orvalho é vertido em beleza, e brotam
as rosas e o macio
cerefólio e o trevo-mel em flor.

E [ela] muito agitada de lá para cá a
recordar a gentil Átis com desejo;
decerto frágil peito ... se consome ...

... canta ...

... Fácil não ... com deusas quanto à forma
amável rivalizar ...
...
... ó Afrodite
...
... o néctar vertia da
áurea ...
... mãos ... Peitó, deusa Persuasão
... o Geraístio
... queridas ...

Comentário   O texto, preservado no *Papiro de Berlim* 9722 (século VI d.C.), está bastante danificado, sendo legíveis os versos 4-17. A cena parece envolver uma 3ª pessoa do singular, feminina, que no passado se relacionou à 2ª do singular em chave erótica, como indicam a referência ao prazer e à canção,[3] e à beleza e ao desejo.[4] No tempo presente, em que estão separadas essas duas personagens, *ela* encontra-se na Lídia – Sárdis, sua cidade mais importante, talvez no v. 1 já seja nomeada –, onde sua beleza é proeminente, como provavelmente o fora em Lesbos, quando lá viveu junto ao grupo coral de Safo. No entanto, *ela* sofre, saudosa de "Átis"[5] – talvez o *tu* da canção –, cuja figura a recordação lhe traz, fazendo com que se consuma seu peito em desassossego erótico. A alternância temporal do passado ao presente introduz o longo símile central,[6] alavancado na natureza, como é característico da linguagem erótica da poesia grega antiga. Em Safo, essa linguagem é em especial elaborada; e no fragmento, o principal elemento natural enfocado para o canto da beleza feminina é a feminina lua[7] que, como Eos, a Aurora, nos poemas homéricos, é inesperadamente chamada "dedirrósea". Ao erguer-se, posto o sol, tinge-se a lua de seus tons laranja-avermelhados ou rosados que esquentam seu branco prateado; estamos, pois, no início do anoitecer. No verso 9, ganha relevo a luz da lua, vibrante, já em plena noite; e no 12, o orvalho que vem ao findar-se a noite, avançada já a madrugada.

Não será esta a única vez em que Safo cantará a lua, como mostram os Fr. 34 e 154, inseridos nesta antologia. Sua escolha é eloquente: a lua é elemento feminino, mesmo na língua grega, e tem a função de regular os ciclos biológicos e o ritmo das marés, interferindo na fertilidade; aproxima-se, pois, da esfera da mulher, percebida na Antiguidade como ligada aos líquidos, à umi-

3. Versos 4-5.
4. Versos 6-17.
5. Verso 17.
6. Versos 6-14.
7. Verso 8.

dade e à natureza, já que lhe cabe a crucial reprodução no ciclo biológico humano. Chamo a atenção, por fim, para o cenário florido e pulsante do símile, integrado, inclusive, pelas diletas flores de Afrodite, as rosas, marcadas na adjetivação da lua. O símile conecta-se ao restante do fragmento, na medida em que ambos tratam da beleza feminina e estão perpassados pelo erotismo, o que é frisado na estrofe dos versos 15-17. Portanto, pode-se dizer que a voz do fragmento insere sua canção no universo de Afrodite, como no Fr. 2. E, referindo a própria coralidade, talvez cante a memória de uma coreuta que se foi, como seria o caso da Anactória do Fr. 16, e da não nomeada jovem cuja despedida é recordada adiante, no Fr. 94. Os versos finais ficam cada vez mais precários, mas interessa notar que trazem o tema da beleza e do desejável, da festividade – que remete ao Fr. 2 – e da presença divina de deusas da sedução, e a menção de um santuário de Posêidon na Eubeia (continente grego), obscura para nós. Salvo por este elemento, dos demais emana o mundo mais caracteristicamente sáfico, em que estão imersas a poeta, seu coro e as canções.

FRAGMENTO 23

]ἔρωτος ἠλπ[
]
αν]τιον εἰσίδωσ[
]'Ερμιόνα τεαυ[τα
]ξάνθαι δ' ' Ελέναι σ' ἐίσ[κ]ην
]κες
].ις θνάταις, τόδε ἴσ[θι] τὰι σᾶι
]παίσαν κέ με τὰν μερίμναν
]λαισ' ἀντιδ[..][.]αθοις δὲ
]
]τας ὄχθοις
]ταιν
παν]νυχίσ[δ]ην

... do desejo ...
...
... face a face contemplo ...
... Hermíone tal ...
e comparar-te à loira Helena ...
...
... às mortais; e isto sabe, em tua
... de todos os meus anseios
...
... nas margens ...
...
... celebrar um festival noturno ...

Comentário Preservado no rolo *Papiro de Oxirrinco* 1231, que contém o Fr. 15 e outros vistos, o Fr. 23 traz elementos notáveis: a bela Helena – que antes surge no Fr. 16 – e sua filha Hermíone, e o erotismo sobretudo nas menções ao desejo, ao olhar, à beleza de Helena – projetada pelo loiro de seus cabelos, mesmo tom do ouro, o metal mais valioso, e do sol, astro essencial à vida – e às ansiedades. Na última linha, *pannykhísdēn* refere o celebrar de festa noturna, tal como outra forma do mesmo verbo no Fr. 30, adiante. Não há propriamente separação, aqui, mas a fala à *persona* feminina, comparada às personagens míticas decerto pela beleza compartilhada, desenha-se como íntima, pessoal, e talvez em separado de um conjunto. Este seria o de celebrantes da boda, contexto provável também do Fr. 30, em vista do rito noturno ritualístico, *pannykhís*. Como veremos no Fr. 111, a comparação dos noivos a figuras divinas ou míticas é frequente na dicção das canções relacionadas ao mundo do casamento, no qual, aliás, vimos Safo inserir a cena mítica troiana do Fr. 44, do enlace de Heitor e Andrômaca, e do qual já algo disse no comentário ao Fr. 112, e mais direi, chegando aos epitalâmios.

FRAGMENTO 49

Ἠράμαν μὲν ἔγω σέθεν, Ἄτθι, πάλαι ποτά

～

σμίκρα μοι πάις ἔμμεν' ἐφαίνεο κἄχαρις.

Eu te desejei, Átis, há tempos, um dia ...

～

... criança mirrada e sem graça me parecias ser ...

Comentário   De novo, Átis é personagem de uma canção de erótica tonalidade, da qual temos o verso inicial preservado em Heféstion (7.7), fonte do Fr. 102, entre outros. Recorda a voz poética sua paixão por Átis, exaurida no presente, razão pela qual estão ambas as personagens separadas. Depois, num outro verso, que não sabemos em que ponto da mesma canção seria entoado, Plutarco (séculos I-II d.C., *Diálogos sobre o amor* 751 D), sua fonte, conta que, "falando a uma menina demasiado nova para o casamento, Safo lhe diz" palavras de clara reprovação, por conta de sua forma física.

FRAGMENTO 88

[*versos 1-4 e 28: ilegíveis e lacunares*]
].θέλοις οὐδυ[
].άσδοισ' ὀλιγα[
].ένα φέρεσθα[ι

].φια τισ...[
].δ' ἄδιον εἰσορ[
ο[ἶ]σθα καὖτα

λέ[λαθ' ἀλλονιά[
].αν τιραδ[
]αί τις εἴποι

].σαν ἔγω τε γαρ[
]μ' ἆς κεν ἔνηι μ'[
]αι μελήσην

]φίλα φαῖμ' ἐχύρα γένεσθαι
]ενα[.]αις ἀτ[
]δ' ὀνιαρ[ο]ς [

]. πίκρος ὔμ[
]τα.θᾶδ[
].α τόδε δ' ἴσ[θ

]ὤττι σ' ἐ.[
]α φιλήσω[
]τω τι λο[

]σσον γὰρ .[
]σθαι βελέω[ν

... eu desejaria ...
...
... carregar ...
...
... mais doce de ver ...
... sabes tu mesma;
... esqueceu ...
...
... alguém diria
... pois eu ...
amarei ... até que haja em mim ...
... será objeto de cuidado;
... digo ser amiga confiável
...
... doloroso ...
... amargo ...
...
... isto sabe
... amarei ...
...
... de flechas...

Comentário Tendo por fonte o *Papiro de Oxirrinco* 2290 (fim do século II ou início do III d.C.), o fragmento traz a *persona* a expressar volição e falar a um *tu* feminino, afirmando que tipo de amizade é capaz de oferecer, no reiterado uso do verbo *phileîn*, "amar", e do termo "amiga", *phíla*. Algo de prazeroso se mescla a algo amargo e dolorido; e no último verso pode haver referência à caçadora deusa virgem, Ártemis.[8] Há insistência, por fim, em que a destinatária saiba de algo que não se revela, e a menção do esquecimento. Difícil somar as partes, mas há na base dos versos uma relação de amizade entre figuras femininas – uma das quais, a *persona* –, e talvez uma ruptura.

8. Campbell, 1994, p. 113.

FRAGMENTO 94

τεθνάκην δ' ἀδόλως θέλω
ἄ με ψισδομένα κατελίμπανεν

πόλλα καὶ τόδ' ἔειπέ [μοι
ὤιμ' ὠς δεῖνα πεπ[όνθ]αμεν,
Ψάπφ', ἦ μάν σ' ἀέκοισ' ἀπυλιμπάνω.

τὰν δ' ἔγω τάδ' ἀμειβόμαν
χαίροισ' ἔρχεο κἄμεθεν
μέμναισ', οἶσθα γὰρ ὤς σε πεδήπομεν

αἰ δὲ μή, ἀλλά σ' ἔγω θέλω
ὄμναισαι [...(.)].[...(.)].εαι
οσ[-10-   ]καὶ κάλ' ἐπάσχομεν

πό[λλοις γὰρ στεφάν]οις ἴων
καὶ βρ[όδων ...]κίων τ' ὔμοι
κα..[-7-] πὰρ ἔμοι π<ε>ρεθήκα<ο>

καὶ πόλλαις ὐπαθύμιδας
πλέκ[ταις ἀμφ' ἀπάλαι δέραι
ἀνθέων ἔ[-6-] πεποημμέναις

καὶ π...[   ]. μύρωι
βρενθείωι [   ]ρυ[...]ν
ἐξαλ<ε>ίψαο κα[ὶ βασ]ιληίωι

καὶ στρώμν[αν ἐ]πὶ μολθάκαν
ἀπάλαν παρ[   ]ονων
ἐξίης πόθο[ν   ]νίδων

κωὔτε τισ[οὔ]τε τι
ἶρον οὐδ' ὐ[   ]
ἔπλετ' ὄππ[οθεν ἄμ]μες ἀπέσκομεν,

οὐκ ἄλσος .[   ].ρος

[versos 28-9: ilegíveis e lacunares]

134

... morta, honestamente, quero estar;
ela me deixava chorando

muito, e isto me disse:
"Ah!, coisas terríveis sofremos,
Ó Safo, e, em verdade, contrariada te deixo".

E a ela isto respondi:
"Alegra-te, vai, e de mim
te recorda, pois sabes quanto cuidamos de ti;

mas se não, quero te
lembrar ...
... e coisas belas experimentamos;

pois com muitas guirlandas de violetas
e de rosas ... juntas
... ao meu lado puseste,

e muitas olentes grinaldas
trançadas em torno do tenro colo,
de flores ... feitas;

e... com perfume
de flores ...
digno de rainha, te ungiste,

e sobre o leito macio
tenra ...
saciavas [teu] desejo ...

Não havia ... nem algum
santuário, nem ...
do qual estivéssemos ausentes,

nem bosque ...

Comentário   Preservado no mesmo rolo papiráceo do Fr. 96, o 94 é fortemente dramático ao reencenar a separação entre o *eu* – "Safo" – e *ela*, revivida em recordação detalhada, de tons eróticos cada vez mais intensos na gradação corpo, perfumes, adornos, leito, e com participação no rito, ao fim ainda legível do fragmento em que se destaca a coralidade própria à natureza do grupo de *parthénoi*, de meninas virgens, liderado por Safo. Grupo em que dança, canto, atividades de culto e corais, a preparação para o *gámos*, "casamento", e para a atuação no mundo do sexo faziam parte do que podemos chamar de *paideía*, "formação" feminina. Grupo do qual já se acham distantes, na Lídia, as *parthénoi* dos Frs. 16 (Anactória) e 96, e a *parthénos* cuja despedida a canção relata em chave consolatória – o consolo a quem partiu e a quem ficou na memória feliz da coralidade compartilhada, da beleza, do prazer e do convívio com as amigas, de uma vida que, ao casar-se e tornar-se mulher, *gyné*, deixa para trás.

Merece atenção a frequência do convite ao passado em Safo nesses Frs. 16, 94 e 96, o qual "tem valor ideológico: nos momentos de fratura", quando uma das jovens se separa do grupo ao mudar de *status*, "a poeta exorta a criar uma ponte entre passado e futuro, que mantenha viva a relação de companheirismo através da recordação. Esta operação tem um duplo significado: de um lado, consola quem parte e quem fica; de outro, reafirma os princípios constitutivos da comunidade, recordando-lhe os valores e as atividades".[9] Ressalto, enfim, a força do tema da memória (e do esquecimento), marcado já no Fr. 1, e que mesmo noutros fragmentos aqui não incluídos, como o 24 e 25, estaria presente, se aceitarmos a possibilidade de que, em seus respectivos e ilegíveis textos, haja formas verbais relativas ao lembrar ou esquecer.

9. Caciagli, 2009, p. 78.

FRAGMENTO 129

ἔμεθεν δ' ἔχησθα λάθαν

~

ἤ τιν' ἄλλον ἀνθρώπων ἔμεθεν φίλησθα

... e de mim memória não há ...

~

... ou algum outro dos homens ame, além de mim ...

Comentário   Citado no já referido tratado sobre pronomes de Apolônio, fonte do Fr. 32, o 129 traz dois versos cuja conexão nos escapa, com a negação da memória e do desejo.

FRAGMENTO 147

μνάσεσθαί τινα φα<ῖ>μι †καὶ ἕτερον† ἀμμέων

... digo, lembrar-se-á de nós alguém no porvir ...

Comentário   Preservado em Dio Crisóstemo (séculos I-II d.C.),[10] o fragmento talvez expresse a confiança na imortalidade por parte da poeta, em sua *persona* dramática, em canção.

---

10. *Oração* (37.47).

Desejos

FRAGMENTO 95

[*versos 1–3 e 14–6: ilegíveis e lacunares*]

Γογγυλα.[

ἦ τι σᾶμ' ἔθε.[
παισι μάλιστα.[
μας γ' εἴσηλθ' ἐπ.[

εἶπον ὦ δέσποτ', ἐπ.
ο]ὐ μὰ γὰρ μάκαιραν [
ο]ὐδὲν ἄδομ' ἔπαρθ' ἀγα[

κατθάνην δ' ἴμερός τις [ἔχει με καὶ
λωτίνοις δροσόεντας [ὄ-
χ[θ]οις ἴδην Ἀχερ[

... Gongila ...

... decerto um sinal ...

a todos e sobretudo ...
... veio ...

... disse: "Ó senhor ...
pois pela venturosa ...
não me deleito em estar agitada ...

um desejo de morrer me toma, e
com lótus orvalhadas as
margens do Aqueronte ver ...

Comentário   Um nome feminino e um forte desejo de rendição à morte marcam esse fragmento do *Papiro de Berlim* 9722, também fonte dos Frs. 94 e 96. Ressalto a imagem do rio do mundo dos mortos, o Aqueronte mencionado no Fr. 65, cujas margens são usualmente pintadas como densas de flores de lótus, flores desde a tradição egípcia associadas à morte. O *eu* feminino parece dirigir-se a um deus, talvez Hermes, condutor que guia os mortos ao Hades, mensageiro que atravessa todas as fronteiras.

FRAGMENTO 121

ἀλλ' ἔων φίλος ἄμμι λέχος ἄρνυσο νεώτερον
οὐ γὰρ τλάσομ'ἔγω συν <τ'> οἴκην ἔσσα γεραιτέρα

... mas grato me sendo, toma o leito de [outra] mais nova, pois não suportarei ser a mais velha numa parceria ...

Comentário Preservado em Estobeu (4.22.112), como o Fr. 55, o 121 trabalha com a ideia da reciprocidade, importante ao imaginário grego; o *eu* feminino fala a um *tu* masculino, reclamando a necessidade do gesto de gratidão e de equiparação de idade, em se tratando de alianças, talvez a do casamento.

FRAGMENTO 126

δαύοισ(') ἀπάλας ἐτα<ί>ρας ἐν στήθεσιν

... que adormeças no peito macio de tua companheira ...

Comentário A fonte é o *Etimológico genuíno* (século ix). O termo empregado para "companheira", *etaíras*, usado no Fr. 142, marca uma amizade e aliança muito estreita entre o *tu* e *ela*, e indica serem coetâneas essas personagens. O modo como o desejo é expresso parece acrescentar a essa relação o ingrediente erótico, que de modo algum seria estranho ao convívio na associação coral feminina das *parthénoi*, as virgens. Se o *tu* referir uma delas, o íntimo convívio compartilhado pode estar em cena, como está no Fr. 94 e no catálogo de belezas desfrutadas na coralidade, que lá se desenha.

FRAGMENTO 138

στᾶθι †κἄντα† φίλος
καὶ τὰν ἐπ' ὄσσοισ' ὀμπέτασον χάριν

... posta-te [diante de mim], se és meu amigo,
e estende afora a graça de teus olhos ...

Comentário O foco nos olhos é comum quando se canta a beleza; nesse canto, o *eu* chama o *tu* de *phílos* , "amigo", termo que pode ou não ter conotação erótica – a primeira possibilidade sendo, creio, mais provável, inclusive porque a fonte do fragmento, Ateneu (13.564 D), que preservou também o Fr. 141, afirma: "Safo diz ao homem que é excessivamente admirado por sua forma e tido como belo".

Dores de amor

« PHAÍNETAÍ MOI... » (FR. 31)

Φαίνεταί μοι κῆνος ἴσος θέοισιν
ἔμμεν' ὤνηρ, ὄττις ἐνάντιός τοι
ἰσδάνει καὶ πλάσιον ἆδυ φωνεί-
σας ὐπακούει

καὶ γελαίσας ἰμέροεν, τό μ' ἦ μὰν
καρδίαν ἐν στήθεσιν ἐπτόαισεν
ὠς γὰρ <ἔς> σ' ἴδω βρόχε' ὤς με φώναι-
σ' οὐδὲν ἔτ' εἴκει,

ἀλλὰ †καμ† μὲν γλῶσσα †ἔαγε†, λέπτον
δ' αὔτικα χρῶι πῦρ ὐπαδεδρόμηκεν,
ὀππάτεσσι δ' οὐδὲν ὄρημμ', ἐπιβρόμ-
μεισι δ' ἄκουαι,

†έκαδε† μ' ἴδρως ψῦχρος κακχέεται, τρόμος δὲ
παῖσαν ἄγρει, χλωροτέρα δὲ ποίας
ἔμμι, τεθνάκην δ' ὀλίγω 'πιδεύης
φαίνομ' ἔμ' αὔτ|αι.

ἀλλὰ πὰν τόλματον, ἐπεὶ †καὶ πένητα†

Parece-me ser par dos deuses ele,
o homem, que oposto a ti
senta e de perto tua doce
fala escuta,

e tua risada atraente. Isso, certo,
no peito atordoa meu coração;
pois quando te vejo por um instante, então
falar não posso mais,

mas se quebra minha língua, e ligeiro
fogo de pronto corre sob minha pele,
e nada veem meus olhos, e
zumbem meus ouvidos,

e água escorre de mim, e um tremor
de todo me toma, e mais verde que a relva
estou, e bem perto de estar morta
pareço eu mesma.

Mas tudo é suportável, se mesmo um pobre homem ...

Comentário O Fr. 31 ou *Phaínetaí moi*, "Parece-me...", tem por fonte principal o famoso tratado *Do sublime*.[1] Ao explicar as maneiras de um texto alcançar a grandeza, seu autor de incerta identidade menciona os "pensamentos elevados";[2] no quadro destes, cita o fragmento de Safo, em que louva a "escolha dos motivos" e a "concentração dos motivos escolhidos". "Por exemplo Safo: as afecções consecutivas ao delírio amoroso, a cada vez, ela as apreende como elas se apresentam sucessivamente e na sua própria verdade. Mas onde mostra ela sua força? Quando ela é capaz, a uma vez, de escolher e de ligar o que há de mais agudo e de mais intenso nessas afecções". A citação é sucedida por palavras que equiparam Safo a Homero, "o Poeta":

1. 10.1-3, século I d.C.?, *Longino*.
2. Cito as traduções do volume Hirata, F. (trad., introdução, notas). *Longino. Do Sublime*. São Paulo: Martins Fontes, 1996.

Não admiras como, no mesmo momento, ela procura a alma, o corpo, o ouvido, a língua, a visão, a pele, como se tudo isso não lhe pertencesse e fugisse dela; e, sob efeitos opostos, ao mesmo tempo ela tem frio e calor, ela delira e raciocina (e ela está, de fato, seja aterrorizada, seja quase morta)? Se bem que não é uma paixão que se mostra nela, mas um concurso de paixões! Todo esse gênero de acontecimentos cerca os amantes, mas, como eu disse, a maneira de agrupá-los, para relacioná-los num mesmo lugar, realiza a obra de arte. Da mesma maneira, a meu ver, para as tempestades o Poeta escolhe as mais terríveis das consequências.

A cena retratada eroticamente produz uma triangulação na qual o olhar do *eu* feminino contempla primeiramente um homem que se porta como audiência de um *tu* feminino, para depois concentrar-se na contemplação dessa personagem, que provoca sua excitação – na imagem recorrente do peito que se agita ou, literalmente, voa, como se vê no Fr. 22 – e crescente dominação erótica, ou seja, fragmentação do corpo e da mente que leva à morte. Há um notável eco metalinguístico no fragmento, em que a perda da voz, central na patologia erótica, é crucial para poetas de tradição oral como Safo, que não existe sem ela, e para a representação dramática da resposta à cena, que só se realiza a partir justamente dessa perda. Temos o início do fragmento, mas não estamos seguros de seu fim. Seu texto foi reelaborado por Catulo (século I a.C.) no *Poema 51*,[3] praticamente uma tradução da canção sáfica. Nos versos do Fr. 31, impressiona com que habilidade Safo cria uma dimensão de intimidade; neles, como noutros, a poeta revela-se "a maior mestra em pseudointimidade".[4]

---

3. Cito-o, em tradução de Oliva (1996): *Ele parece-me ser par de um deus,/ Ele, se é fás dizer, supera os deuses,/ Esse que todo atento o tempo todo/ Contempla e ouve-te/ doce rir, o que pobre de mim todo/ sentido rouba-me, pois uma vez/ que te vi, Lésbia, nada em mim sobrou/ De voz na boca/ Mas torpece-me a língua e leve os membros / Uma chama percorre e de seu som/ Os ouvidos tintinam, gêmea noite/ cega-me os olhos./ O ócio, Catulo, te faz tanto mal./ No ócio tu exultas, tu vibras demais./ Ócio já reis e já ricas cidades/ Antes perdeu.*
4. Scodel, 1996, p. 77.

FRAGMENTO 36

καὶ ποθήω καὶ μάομαι...

... e desejo e enlouqueço ...

Comentário Nesse parco fragmento preservado, como o Fr. 126, no *Etimológico genuíno*, combina-se um binômio recorrente na poesia erótica grega: paixão e loucura. Vale anotar: a loucura erótica, provocada por Afrodite, será tratada como um dos tipos de loucura definidos por Platão no diálogo *Fedro*, por exemplo.

FRAGMENTO 48

ἦλθες, †καὶ† ἐπόησας, ἔγω δέ σ' ἐμαιόμαν, ὂν δ' ἔψυξας
ἔμαν φρένα καιομέναν πόθωι.

... vieste, e eu ansiava por ti –
me esfriaste o peito que queimava com desejo ...

Comentário Preservado na *Carta a Jâmblico* (183), nome do filósofo neoplatonista do século IV d.C., de autoria do imperador romano Juliano, seu contemporâneo, o breve fragmento elabora-se a partir de outro motivo comum na concepção de *éros*: o de que paixão é fogo; logo, sua satisfação é como o apagar de um incêndio, como diz o *eu* feminino ao *tu*, abaixo.

FRAGMENTO 51

οὐκ οἶδ' ὅττι θέω δυο μοι τὰ νοήματα

... não sei que faço: duas as minhas mentes ...

Comentário   Como no Fr. 36, temos aqui, possivelmente, o binômio paixão-loucura, que fratura o amador. A fonte do fragmento é o tratado *Das negativas* (23), de Crísipo (filósofo estoico, século III a.C.).

Sono

FRAGMENTO 46

ἔγω δ' ἐπὶ μολθάκαν
τύλαν <κασ>πολέω †μέλεα κἂν μὲν τετύλαγκας |ἀσπόλεα†

... mas eu, sobre macias
almofadas quero deitar meus membros ...

Comentário Eis o que de legível há no texto corrompido do fragmento citado por Herodiano (fins do século II d.C.), no tratado *Sobre palavras anômalas* (*beta* 39), que o atribui ao Livro II da compilação alexandrina da obra de Safo, e com ele ilustra a palavra *týle*, "almofada", em que a *persona* talvez repouse o corpo. Mesmo em tão exíguo texto vemos a dimensão profundamente sensorial, tátil aqui, da dicção sáfica, cuja força está evidenciada nas canções.

FRAGMENTO 63

Ὄνοιρε μελαινα|
φ[ο]ίταις ὄτα τ' ὔπνος [
γλύκυς θ[έ]ος, ἦ δεῖν' ὀνίας μ[
ζὰ χῶρις ἔχην τὰν δυναμ|

ἔλπις δέ μ' ἔχει μὴ πεδέχην[ν
μηδὲν μακάρων ἐλ[

οὐ γάρ κ' ἔον οὔτω|.
ἀθύρματα κα.[

γένοιτο δέ μοι|

Ó Ôneiros, negra ...
vagueias, quando quer que o sono ...

doce deus, de fato terrivelmente angústias ...
manter ... apartada [tua] potência ...

mas a expectação me sustém, de não partilhar ...
nem ... dos venturosos ...

pois eu não seria assim ...
berloques ...

viria a ser a mim ...

Comentário Tendo por fonte o *Papiro de Oxirrinco* 1787, o mesmo do Fr. 65, o 63 tem seu início preservado, com invocação em prece a Ôneiros, o deus Sonho, que move o sonho, *ónar*, referido antes no Fr. 134, e se associa ao sono ou ao deus que é seu soberano – *Hýpnos* é o nome de ambos. Este ou aquele deus é qualificado como *glýkys*. "doce",[1] e perturbações emocionais e expectativa compõem a cena que não podemos recompor.

1. Verso 3.

FRAGMENTO 149

ὅτα πάννυχος ἄσφι κατάγρει

... quando [o sono] de noite afora captura os seus [olhos] ...

Comentário Citado pelo gramático Apolônio Díscolo na discussão sobre pronomes, mesma fonte do Fr. 32, o 149 traz apenas um verso que de novo canta o que se desenrola no correr da noite, *pánnykhos*, como antes o Fr. 23, e outros adiante.

FRAGMENTO 151

ὀφθάλμοις δὲ μέλαις νύκτος ἄωρος

... sobre os olhos sono da negra noite ...

Comentário Citado no *Etimológico Magno* (século XII), no verbete do termo sinônimo a *hýpnos*, *áōros*, o fragmento tem só um verso, sobre o sono, como o anterior.

FRAGMENTO 168B

Δέδυκε μὲν ἀ σελάννα
καὶ Πληΐαδες μέσαι δὲ
νύκτες, παρὰ δ' ἔρχετ' ὤρα,
ἔγω δὲ μόνα κατεύδω.

Imergiu a lua,
também as Plêiades; é
meia-noite, vai-se o tempo,
e eu sozinha durmo ...

Comentário Heféstion (11.5), referido já no comentário ao Fr. 102, é a fonte principal do 168 B, em que a natureza enquadra a imagem da solidão da voz poética, talvez devido a uma separação erótica.

Viagem

FRAGMENTO 20

[versos 1 e 22-5: ilegíveis e lacunares]

]ε, γάνος δὲ καὶ..[
τ]ύχαι σὺν ἔσλαι
λ[ι]μενος κρέτησαι
γ]ᾶς μελαίνας]
]έλοισι ναῦται
]μεγάλαις ἀήται[ς
]α κἀπὶ χέρσω
]
]μοθεν πλέοι.
]δε τὰ φόρτι' εἰκ[

[versos 14-9: ilegíveis e lacunares]

]ιν ἔργα
] χέρσω [

... brilho
...
... com boa sorte ...
... porto alcançar ...
... da terra negra
...
... nautas
... grandes ventos ...
e em terra firme
...
... navegar ...
... carga ...
...
... trabalhos ...
...
... terra firme ...

Comentário Tendo por fonte o *Papiro de Oxirrinco* 1231, o mesmo do Fr. 15, o 20 traz uma viagem marinha difícil, ou usa essa imagem para falar das perturbações políticas da *pólis*, no motivo conhecido como da "nau do Estado". Mas tão precário texto não permite navegar num ou noutro sentido com segurança.

Imagens da natureza

NOTA INTRODUTÓRIA   Como observei ao comentar o Fr. 96 de Safo, é notável em sua mélica o trabalho da linguagem com imagens da natureza, de grande presença e força não raro metafóricas.

FRAGMENTO 34

> ἄστερες μὲν ἀμφὶ κάλαν σελάνναν
> ἂψ ἀπυκρύπτοισι φάεννον εἶδος,
> ὄπποτα πλήθοισα μάλιστα λάμπη
> γᾶν...
>
> ~
>
> ἀργυρία
>
> ... e as estrelas, em volta da bela lua,
> de novo ocultam sua luzidia forma,
> quando plena ao máximo ilumina
> a terra ...
>
> ~
>
> ... argêntea

Comentário   A principal fonte desse fragmento concentrado no corpo celeste feminino da lua, antes cantada no Fr. 96, é um comentário de Eustácio (bispo de Tessalônica, século XII d.C.) à *Ilíada*,[1] em passo sobre o brilho dos astros no enredor da destacada lua.

1. VIII, 555.

FRAGMENTO 42

> ταῖσι <--> ψῦχρος μὲν ἔγεντο θῦμος
> πὰρ δ' ἴεισι τὰ πτέρα

... e deles se tornou frio o peito,
e suas asas se afrouxaram ...

Comentário Segundo a fonte do fragmento, um escólio (comentário antigo) a Píndaro (*Ode pítica* 1), poeta mélico da virada dos séculos VI–V a.C., "Safo diz dos pombos" o que lemos nos versos que cita.

FRAGMENTO 101A

> πτερύγων δ' ὔπα
> κακχέει λιγύραν ἀοίδαν,
> ὄπποτα φλόγιον †καθέ-
> ταν† ἐπιπτάμενον †καταυδείη†

... e de sob suas asas
verte clara canção,
quando o flamejante [verão] ...
... voando ...

Comentário A fonte do fragmento, que também cita o 101, é Demétrio; ele afirma que seus versos tratam da cigarra. O texto apresenta-se bastante corrompido da última palavra do verso 3 ao 4; traduzo, pois, os versos compreensíveis. Mas há interessante possibilidade de emenda a um dos termos problemáticos, o último, *kataudeíē*, que lhe daria o sentido de "tocar o aulo", instrumento de sopro símil ao oboé, referido no Fr. 44.

FRAGMENTO 135

Τί με Πανδίονις, ὦ Εἴρανα, χελίδων...;

Por que, ó Irene, a Pandionida, a andorinha a mim ...?

Comentário Citado em Heféstion, fonte do Fr. 102, o 135 dirige-se a Irene, também mencionada no Fr. 91, para falar "da filha de Pandião", mítico rei de Atenas, chamada Procne, que se transformou em andorinha. Esposa de Tereu, rei da Trácia, e irmã de Filomela, que se transformou em rouxinol. Na tradição, conta-se que Tereu, desejando-a, violou a cunhada e por isso as irmãs dele se vingaram, matando Ítis, o próprio filho de Procne com o rei. Daí o canto triste da andorinha, ave que a *persona* canta.

FRAGMENTO 136

ἦρος ἄγγελος ἱμερόφωνος ἀήδων

... mensageiro da primavera, o rouxinol de desejável voz ...

Comentário Segundo a fonte do fragmento, um escólio a Sófocles (século V a.C.) e à *Electra*,[2] Safo já falava como na tragédia dos rouxinóis.

FRAGMENTO 143

χρύσειοι <δ'> ἐρέβινθοι ἐπ' ἀιόνων ἐφύοντο

... e áureos grãos-de-bico cresciam nas margens ...

Comentário Ateneu (2.54 F), fonte do Fr. 141 já aqui visto, atribui a Safo a descrição.

2. Verso 149.

FRAGMENTO 146

μήτε μοι μέλι μήτε μέλισσα

... para mim, nem mel, nem abelha ...

Comentário O gramático Trifo, da era romana de Augusto (séculos I a.C.-I d.C.), cita como proverbiais estas palavras de Safo, no tratado *Figuras de expressão* (25). Notáveis são as reiterada assonâncias e aliterações na sequência de palavras, que costuram as sílabas pelo sentido e pelo som; translitero o verso: *méte moi méli méte mélissa*.

FRAGMENTO 167

ὠίω πόλυ λευκότερον

... muito mais branco do que um ovo ...

Comentário Tendo por fonte Ateneu (2, 57 D), que também preservou o Fr. 141 e vários outros, as poucas palavras do 167 são dadas na sequência da citação do Fr. 166, sobre Leda e o ovo de que nasce Helena, em certa tradição mítica. Aqui, o enfoque é na cor, e o ovo dá o padrão comparativo ao superlativo cujo uso é digno de atenção em Safo.

FRAGMENTO 168C

ποικίλλεται
γαῖα πολυστέφανος

... ela adornou,
a terra de multiguirlandas ...

Comentário A fonte do fragmento é, como no caso do 101A, Demétrio, que trata do charme na expressão.

O cantar, as canções e as companheiras

NOTA INTRODUTÓRIA   É importante na mélica sáfica a metalinguagem – o poeta a falar de seu poetar, a criticar o poetar de outros, como no Fr. 55, a tratar de sua audiência, a tratar de seus temas. Nesse item, insiro alguns fragmentos que ilustram isso – aqueles que estão mais legíveis no *corpus* de Safo.

FRAGMENTO 70

[*versos 1-2 e 14: ilegíveis e lacunares*]
]ν δ' εἶμ' ε[
[*versos 4-8: ilegíveis e lacunares*]
]αρμονίας δ[
]αθην χόρον, ἄα[
]δε λίγηα.[
]ατόν σφι[
]παντεσσι[

... e vou ...
...
... de harmonia ...
... dança ...
... clara [canção] ...
...
... a todos ...

Comentário   Preservado no *Papiro de Oxirrinco* 1787, fonte do Fr. 65, o 70 traz poucas palavras nos versos precários. Destaco *harmonía* e *khorón*, o coro que dança e, por extensão, canta, possivelmente referente ao coro de Safo que faz a *performance*.

FRAGMENTO 118

ἄγι δὴ χέλυ δῖα †μοι λέγε†
φωνάεσσα †δὲ γίνεο†

... vem, divina lira, fala-me
e torna-te dotada de voz ...

Comentário Preservado no *Sobre os tipos de estilo* (2.4), de Hermógenes (século II d.C.), o fragmento, segundo essa fonte, traz-nos o momento em que "Safo questiona a sua lira, e a lira assim lhe responde".

FRAGMENTO 153

πάρθενον ἀδύφωνον

... virgem dulcífona ...

Comentário Citado por Atílio Fortunato (metricista, século IV d.C.), na sua *Arte* (28), o fragmento tem apenas duas palavras que trazem aos olhos e ouvidos a *performance* do coro de meninas de Safo, ao destacar a habilidade de uma *parthénos*, uma das moças, e o prazer erótico, sensorial de sua voz *adýphōnon*.

FRAGMENTO 154

> Πλήρης μὲν ἐφαίνετ' ἀ σελάν‹ν›α
> αἰ δ' ὠς περὶ βῶμον ἐστάθησαν

Em plenitude brilhava a lua,
quando elas em volta do altar se postaram ...

Comentário   Heféstion (11.3), fonte do Fr. 102, citou os versos abaixo, provavelmente de abertura de uma canção que giraria em torno de um rito sacrificial, à noite. Atividades rituais são características de associações corais femininas, como tenho frisado.

FRAGMENTO 156

> πόλυ πάκτιδος ἀδυμελεστέρα...
> χρύσω χρυσοτέρα...

... muito mais dulcissonante que a harpa ...
... mais áurea que o ouro ...

Comentário   A fonte desse fragmento é, como do 101A, Demétrio (161 s), que recorda o uso da hipérbole.

FRAGMENTO 160

τάδε νῦν ἐταίραις
ταὶς ἔμαις †τέρπνα† κάλως ἀείσω

... agora às minhas
companheiras estas coisas aprazíveis belamente cantarei ...

Comentário A fonte do fragmento, como do 141, é Ateneu (13.571 D). Nele ocorre o termo "companheira", *étaira*, no plural. Para alguns, esse termo em Safo levou à leitura de que a poeta estaria associada a uma *hetaireía* feminina. Tratar-se-ia de um grupo aristocrático de iguais, ligados por laços de amizade e políticos. Porém, conforme enfatizei na introdução, não há nenhuma evidência de que existiria esse tipo de confraria típica do universo masculino no feminino; deslocá-la a este é movimento de espelhamento carente de fundamentação. Logo, o que de mais seguro podemos dizer é que o termo, marcadamente afetivo, denota uma relação amistosa entre coevos, e é usado também nos Frs. 126 e 142. Neste Fr. 160, como no 126, indicaria uma fala dirigida às coreutas do grupo de Safo; e a *persona* é decerto uma delas falando às amigas, suas iguais. Fica anunciada, em chave metalinguística, a bela *performance* de uma canção prazerosa às suas audiências interna e externa.

ELOGIO

NOTA INTRODUTÓRIA   O elogio e a censura consistem num dos pares opostos mais trabalhados na poesia grega antiga, podendo mesmo ser tomados como categorias de organização dos seus gêneros. Em Safo, há fragmentos que se concentram no elogio, outros na censura. Mesmo alguns textos demasiado mutilados e lacunares, com poucas palavras legíveis, parecem caminhar no sentido do binômio e de seus polos, como os Frs. 3 e 4 – naquele, há referências à nobreza e beleza, à vileza, dores e "censura", *óneidos*;[1] neste, talvez à beleza do "rosto"[2] e ao brilho.[3] O poder de um e de outro só pode ser minimamente compreendido se lembrarmos que a cultura da Grécia arcaica e clássica pauta-se pela ideia da vergonha; ou seja, o olhar público é fundamental para a definição do lugar social ocupado pelo indivíduo; essa definição repercute na sua linhagem e na sua comunidade.

FRAGMENTO 41

ταὶς κάλαισ' ὔμμιν <τὸ> νόημμα τὦμον
οὐ διάμειπτον

... para vós, as belas, meus pensamentos
não mudaram ...

Comentário   Apolônio Díscolo,[4] fonte dos Frs. 32 e 33, cita os versos acima. As destinatárias são elogiadas, e provavelmente os pensamentos são positivos e talvez expressem como a *persona* as vê.

1. Verso 5.
2. Verso 7.
3. Verso 6.
4. *Sobre os pronomes* 124 C.

FRAGMENTO 82A

Εὐμορφοτέρα Μνασιδίκα τὰς ἀπάλας Γυρίννως

Mnasidica, mais formosa que a tenra Girino ...

Comentário Heféstion (11.5), citado aqui como fonte do Fr. 102, preservou o 82 A, que traz um elogio à beleza física de uma moça, realçada pela comparação com outra também louvada por um adjetivo, "tenra", *apálas*, de marcada carga erótica e empregado reiteradamente nos fragmentos da mélica sáfica que adentram a esfera do erotismo, como o 94.

FRAGMENTO 122

ἄνθε' ἀμέργοισαν παῖδ' ἄγαν ἀπάλαν

... tenra virgem, colhendo flores ...

Comentário A fonte desse fragmento, como do 141 e de vários outros, Ateneu (12.554 B), comenta:

Pois é natural que os que pensam ser belos e maduros colham flores. Por isso, dizem que Perséfone e suas companheiras colhem flores, e Safo diz ter visto [citação do fragmento].

Ou seja, Ateneu sugere a aproximação entre as imagens da menina virgem, filha da deusa Deméter, e da virgem "tenra", *apálan*, de modo a ressaltar nesta a beleza e a sensualidade. Vale lembrar que Perséfone, como conta o *Hino homérico a Deméter* (início do século VI a.C), foi abduzida por Hades exatamente quando brincava a colher flores num prado primaveril, ignorante dos perigos que espreitam as belas e sensuais meninas virgens, *parthénoi*. Cabe frisar, como fiz na introdução, que a virgindade delas, na concepção grega, implica apenas que estão na fase transitória entre infância e idade adulta, a caminho do casamento, quando passam a ter vida sexual e, portanto, integram-se de vez à sociedade à qual pertencem, deixando para trás a dimensão algo selvagem e indomada da fase virginal.

CENSURA

NOTA INTRODUTÓRIA Não temos no *corpus* da mélica sáfica textos pertencentes ao gênero poético do jambo, que no correr dos tempos acaba se configurando em essência como poesia de ataque, de vituperação, de invectiva. Há, porém, fragmentos de caráter jâmbico mais ou menos evidente; afinal, se um gênero acabou por ter na vituperação seu elemento definidor, este não lhe é exclusivo, mas integra vários da poesia grega antiga, desde a *Ilíada*. Eis alguns exemplos sáficos.

FRAGMENTO 3

]δώσην
κ]λύτων μέντ' ἐπ[
κ]άλων κἄσλων, σ[
. ']οις, λύπης τέμ[
]μ' ὄνειδος
]οιδήσαισ. ἐπιτα[
]. ' αν, ἄσαιο. τὸ γὰρ [
]μον οὐκοὔτω μ[
] διάκηται,
] μηδ[   ]αζε,
]χις, συνίημ[
].ης κακότατο[ς
]μεν
]ν ἀτέραις με[
]η φρένας, εὔ[

... dar ...
... de ínclitos ...
... de belos e também nobres ...
... me vexas ...
... censura ...
... pois ...
... mão desse modo ...
... ele/a disposto/a ...
...
... compreendo ...
... o mais vil ...
...
... as outras ...
... sensos, ...

Comentário Preservado no precário *Papiro de Berlim* (século VII d.C.), somado ao *Papiro de Oxirrinco* 424 (século III d.C.), o fragmento parece falar de amizade, de censura, *óneidos*, em vexar – e nessa atmosfera se inserem a *persona* que é-nos opaca tanto quanto o *tu* indicado na forma verbal do verso 4 (*lýpēs*), e reflete sobre o bom/ belo, *kalós*, o nobre, *esthlós*, e o feio/ vil, *kakós*, noções ético-estéticas muito caras ao pensamento arcaico e seus valores tradicionais.

FRAGMENTO 55

κατθάνοισα δὲ κείσηι οὐδέ ποτα μναμοσύνα σέθεν
ἔσσετ' οὐδὲ †ποκ'† ὕστερον οὐ γὰρ πεδέχηις βρόδων
τὼν ἐκ Πιερίας, ἀλλ' ἀφάνης κἀν Ἀίδα δόμωι
φοιτάσηις πεδ' ἀμαύρων νεκύων ἐκπεποταμένα.

Morta jazerás, nem memória alguma futura
de ti haverá, nem desejo, pois não partilhas das rosas
de Piéria; mas invisível na casa de Hades
vaguearás esvoaçada entre vagos corpos ...

Comentário Preservado na *Antologia* (3.4.12) de Estobeu (século v d.C.), o fragmento traz um dos muitos momentos em que os poetas refletem em seus versos sobre o poetar e a própria poesia, que vai se configurar no imaginário grego como caminho para a imortalidade do nome.[5] A linguagem é de ataque, de invectiva, e dirigida a um *tu* feminino que pensa ser (hábil) poeta, mas não o é. Por isso, sua dupla morte ao descer ao mundo, reino de Hades, tornando-se não mais alcançável sua figura aos olhos dos vivos, e apagada sua existência da memória destes.

---

5. Explorei o tema na poesia arcaica (Ragusa, 2018, pp. 143–152).

FRAGMENTO 56

οὐδ' ἴαν δοκίμωμι προσίδοισαν φάος ἀλίω
ἔσσεσθαι σοφίαν πάρθενον εἰς οὐδένα πω χρόνον
τεαύταν

... não imagino que uma virgem, após ver a luz do sol,
terá em algum tempo futuro tal habilidade ...

Comentário   Preservado em Crísipo (13), como o 51, o Fr. 56 parece referir-se à habilidade poética de uma virgem, *parthénos*, que em vida estaria condenada à mediocridade.

FRAGMENTO 57

τίς δ' ἀγροΐωτις θέλγει νόον...
ἀγροΐωτιν ἐπεμμένα στόλαν...
οὐκ ἐπισταμένα τὰ βράκε' ἔλκην ἐπὶ τὼν σφύρων;

... e quem é a rusticona que encantou a mente ...
vestida em rústica veste ...
sem saber como erguer seus trapos aos tornozelos?

Comentário   Ao citar os versos acima, em que roupa, atitude e modos de uma figura feminina são duramente censurados, Ateneu (1.21 B C), fonte também do Fr. 141, declara: "Safo escarnece Andrômeda", personagem abordada nos comentários aos Frs. 130 e 133, talvez uma líder de coro de meninas, rival do de Safo.

FRAGMENTO 68

]ι γάρ μ' ἀπὺ τὰς ἐ[
ὔ]μως δ' ἔγεν[το
] ἴσαν θέοισιν
]ασαν ἀλίτρα[
Ἀν]δρομέδαν[.].αξ[
]αρ[...]α μάκα[ρ] α
]εον δὲ τρόπον α[.].ύνη[
] κορον οὐ κατισχε.[
]κα[...]. Τυνδαρίδαι[ς
]ασυ[.]...κα[.] χαρίεντ' ἀ[
]κ' ἄδολον [μ]ηκέτι συν[
] Μεγάρα.[...]να[...]α[

[versos 1-2 e 4-7: ilegíveis e lacunares]

... pois a mim desta ...
...contudo tornou-se ...
... par dos deuses ...
... culpada ...
... Andrômeda ...
... venturosa ...
... modo ...
... ganância não foi refreada ...
... Tindaridas ...
... graciosa ...
... sem dolo não mais ...

Comentário Preservado no duramente danificado rolo *Papiro de Oxirrinco* 1787, em que se acham o Fr. 65 e outros, o 68 traz, entre versos que mal se discernem, de novo a figura de Andrômeda, além de uma virgem associada ao grupo e Safo nos testemunhos antigos, Megara. A linguagem parece lidar com a censura, e refere deuses ao nomeá-los, *théoisin*,[6] e pelo adjetivo *mákaira*, "venturosa",[7] que noutros fragmentos traduzi, e que só aos imortais pode ser atribuído – no Fr. 1, é dado a Afrodite. No verso 8, há algo talvez sobre o conter da ganância,[8] a qual é sempre condenada. Noto ainda a presença das Tindaridas, Helena e Clitemnestra, as filhas do rei de Esparta, Tíndaro, e Leda, casal de que falei no comentário ao Fr. 166. Tal presença reforça a possibilidade de censura, pois as duas figuras míticas femininas sob tal signo se acham, ambas adúlteras, desertora – aquela – e assassina – esta – de seus respectivos maridos, os filhos de Atreu, Menelau e Agamêmnon. E por fim, veja-se o adjetivo *ádolon*, "sem dolo",[9] que traz para a canção algo que se relacione justamente a um engano, um ardil.

6. Verso 3.
7. Verso 6.
8. Ferrari, 2011, p. 158.
9. Verso 11.

FRAGMENTO 71

]μισσε Μίκα
]ελα[..ἀλ]λά σ' ἔγωὔκ ἐάσω
]ν φιλότ[ατ'] ἤλεο Πενθιλήαν[
]δα κα[κό]τροπ', ἄμμα[
] μέλ[ος] τι γλύκερον .[
]α μελλιχόφων[ος
]δει, λίγυραι δ' ἄη[
]δροσ[ό]εσσα[

... Mica ...
... mas eu não permitirei a ti ...
... escolheste a amizade de uma Pentilida ...
... ó maligna ...
... uma doce canção ...
... voz de mel ...
... e claras [brisas] ...
... orvalhada ...

Comentário   Em dado momento das convulsões políticas internas e da sucessão de regimes tirânicos pós-queda da tradicional aristocracia dos Pentilidas, surge Pítaco, que se tornou governante de Mitilene, mas fez aliança com aquela linhagem por meio do casamento, canta Alceu no Fr. 70, envolvido nos conflitos, rompendo com as facções aristocráticas rivais aos Pentilidas, que tinham apoiado, entre as quais, a do grupo do poeta e de Safo. Acima, é notável como a traição de Mica, figura feminina, também se firma com a aliança da amizade com os Pentilidas. Termos pesados são seguidos por referências luminosas, prazerosas, eróticas, mas o fragmento, cuja precária fonte é o *Papiro de Oxirrinco* 1787, o mesmo do Fr. 65 e de outros, quase nada revela da canção perdida.

FRAGMENTO 91

ἀσαροτέρας οὐδάμα πω Εἴρανα, σέθεν τύχοισαν

... nunca tendo encontrado outra mais abjeta que tu, Irena ...

Comentário   A fonte do fragmento, como do 102, é Heféstion (11.5). A mesma figura feminina é nomeada no Fr. 135.

FRAGMENTO 137

θέλω τί τ' εἴπην, ἀλλά με κωλύει
αἴδως...

... quero algo te dizer, mas me impede
o pudor ...

Comentário   Aristóteles (século IV a.C.), na *Retórica* (1367 A), afirma: "Os homens se envergonham de dizer, de fazer ou de pretender fazer vilezas, exatamente como Safo em sua resposta, quando Alceu falou: [citação do fragmento]." O filósofo pressupõe um poema de Alceu respondido por um de Safo, esclarece um anônimo comentário antigo (escólio). Os dois poetas, comentei na introdução, podem ter se conhecido na Mitilene arcaica, e os antigos sempre os aproximavam, inclusive na iconografia. Em outros entendimentos, os versos acima, que a edição adotada nesta antologia, a de Voigt, dá como de Safo, são atribuídos a Alceu, à poeta são atribuídos os versos sequenciais, que Voigt indica, mas sob suspeita: "... mas se ansiasses pelo honrado e pelo belo,/ e tua língua não se animasse a dizer algo vil,/ a vergonha não tomaria teus olhos,/ mas dirias tua fala...". Assim é em edições e traduções do tratado aristotélico, e em Ferrari.[10] Na edição Lobel-Page[11] de Safo, que era a de autoridade antes de Voigt, tais versos suspeitos sequer são transcritos. A questão é, portanto, bastante espinhosa. Fiquemos, pois, com os versos que Voigt autoriza como sáficos.

10. 2010, p. 75.
11. De 1955.

FRAGMENTO 144

μάλα δὴ κεκορημένοις
Γόργως

... bem saturada de Gorgo ...

Comentário A fonte desse fragmento é o autor que também preservou o já visto Fr. 46, Herodiano, no tratado *Sobre a declinação dos substantivos*. Nele, a personagem feminina é criticada por uma voz sem qualquer identificação. Mas nos testemunhos, além de Andrômeda, circula também o nome de Gorgo, alvo de censura na canção, como poeta rival de Safo. Não temos evidência dessas poetas rivais que não sejam os testemunhos antigos. Não parece, contudo, implausível que Mitilene tivesse outras poetas líderes de grupos corais, como Safo, dadas as evidências sobre os numerosos grupos corais femininos disseminados pelas *póleis* gregas.

FRAGMENTO 155

πόλλα μοι τὰν Πωλυανάκτιδα παῖδα χαίρην

... minhas muitas saudações à filha de Polianactides ...

Comentário Para Máximo de Tiro (18), fonte desse fragmento, como do 47, Safo fala com ironia, tal qual Sócrates fala a Íon na abertura do diálogo de Platão que leva o nome desse rapsodo, *Íon*, ou *Sobre a inspiração poética*. Ora, a ironia liga-se à censura, tanto mais no paralelo socrático sugerido. E o alvo da censura seria novamente Gorgo,[12] considerados os testemunhos antigos.

---

12. Ferrari, 2010, p. 81.

Epitalâmios: canções de casamento

NOTA INTRODUTÓRIA "Em Homero, a canção é um acompanhamento sempre presente no casamento, e a frequente menção de canções nupciais por autores de todos os períodos na literatura grega antiga atesta a continuada importância da canção para a cerimônia de casamento na Grécia antiga".[1] Na era arcaica, são sáficas as canções que nos chegaram. Assim como o 112, os fragmentos arrolados neste tópico compõem o pequeno grupo de representantes do subgênero mélico que teria sido compilado no nono livro de Safo na Biblioteca de Alexandria, como ressaltei na introdução desta antologia. Naquele fragmento, o elogio aos noivos se destaca; nestes, outros dos aspectos da canção de casamento, inclusive o da linguagem e temática jocosas, que revelam seus elos genéticos com a tradição popular. Esses traços são muito próprios aos epitalâmios, pois não apenas é continuada a tradição grega de seu canto nos casamentos, mas há neles "um marcante nível de continuidade".[2] Diga-se ainda que os epitalâmios de Safo aqui apresentados "exibem, com relação ao rito da boda, uma função pragmática precisa, por articular suas fases e realçar suas principais características".[3]

1. Hague, 1983, p. 131.
2. Swift, 2010, p. 245.
3. Ferrari, 2010, p. 119.

FRAGMENTO 104 (A-B)

"Ἔσπερε πάντα φέρηις ὄσα φαίνολις ἐσκέδασ' Αὔως,
φέρηις ὄιν, φέρηις αἶγα, φέρηις ἄπυ μάτερι παῖδα.

∽

ἀστέρων πάντων ὁ κάλλιστος

Ó Vésper, trazes tudo que a luzidia Eos espalhou:
trazes ovelha, trazes cabra, arrebatas da mãe a filha ...

∽

... dos astros todos o mais belo ...

Comentário   O fragmento A, composto pelo par de versos acima, tem por fonte Demétrio (141), como o Fr. 101; já o fragmento B, o verso traduzido em separado daquele par, foi preservado na *Oração 46*, de Himério, retórico antes citado no comentário ao Fr. 112. Ambos os fragmentos integram uma canção de Safo a Vésper, a estrela da tarde, segundo Himério, e parecem aludir à procissão que sucede o banquete na casa da noiva, iniciada no começo do anoitecer, para levá-la à casa do noivo. Noto que Demétrio destaca o uso que faz Safo da repetição – característica da estilística epitalâmica, diga-se – da forma verbal *phérēis*, da qual Vésper é sempre sujeito; uso que considera gracioso, *kharientízetai*. O verbo ocorre uma vez no verso 1 e três vezes no 2, modificado, na última ocorrência, seu sentido modificado pelo termo sucessivo *ápy* – indicativo de afastamento, *ápo*.[4]

---

4. Em tradição anterior, segui o entendimento de que o verbo ao final diria "trazes de volta à mãe a criança". Todavia, adoto novo entendimento aqui, considerando, junto a Ferrari (2010, pp. 120-1) o que sabemos das etapas da boda e uma passagem no poeta latino Catulo (*Ode* 62, versos 20-23), cujas odes epitalâmicas têm Safo como referente: "*Héspero, qual no céu é brilho mais cruel/ que tu, que a filha arrancas dos braços da mãe?/ Dos braços da mãe a arrancas, que se agarra,/ e a dás, menina casta, dom ao moço ardente?/ Rasa a urbe, o que mais cruel inimigos fazem?/ Hímen, ó Himeneu, vem Himeneu, Himeneu!*", trad. Oliva 1996.

FRAGMENTO 105 (A–B)

οἶον τὸ γλυκύμαλον ἐρεύθεται ἄκρωι ἐπ' ὔσδωι,
ἄκρον ἐπ' ἀκροτάτωι, λελάθοντο δὲ μαλοδρόπηες
οὐ μὰν ἐκλελάθοντ', ἀλλ' οὐκ ἐδύναντ' ἐπίκεσθαι

~

οἴαν τὰν ὐάκινθον ἐν ὤρεσι ποίμενες ἄνδρες
πόσσι καταστείβοισι, χάμαι δέ τε πόρφυρον ἄνθος...

... como o mais doce pomo enrubesce no ramo ao alto,
alto no mais alto ramo, e os colhedores o esquecem;
não, não o esquecem – mas não o podem alcançar ...

~

... como o jacinto que nas montanhas homens, pastores,
esmagam com os pés, e na terra a flor purpúrea ...

Comentário Citados por Siriano, comentador bizantino do tratado de estilística de Hermógenes (1.1), e por Demétrio (106), ambos já aqui mencionados respectivamente nos Frs. 118 e 101A, os fragmentos trazem duas imagens metafóricas distintas: no trio de versos (**a**), a da menina fruta madura, a maçã, sensual, desejada por todos, mas não a todos alcançável; na dupla (**b**), a da perda da virgindade nas bodas. Em ambos, é a natureza que alavanca a linguagem erótica. E na segunda, o casamento faz-se, como de fato é, uma espécie de morte,[5] porque provoca a transição irreversível de uma vida, a de *parthénos*, "moça", para a outra, a de *gyné*, "mulher". Como observei no comentário ao Fr. 44, cujo tema é a boda mítica de Heitor e Andrômaca, são muitos e especificamente gregos os paralelos entre as cerimônias nupcial e fúnebre.[6]

5. Swift, 2010, p. 250.
6. Redfield 1982, p. 188.

FRAGMENTO 106

πέρροχος, ὡς ὄτ' ἄοιδος ὁ Λέσβιος ἀλλοδάποισιν

... superior, como o cantor lésbio aos de outras terras ...

Comentário O fragmento tem por fonte Demétrio (146), como o 101A, cujo tratado diz que "do homem excepcional assim fala Safo". Se tal homem for o noivo, há seu elogio em chave comparativa com o elevado *status* entre os antigos da tradição poético-musical lésbio-eólica.

FRAGMENTO 107

ἦρ' ἔτι παρθενίας ἐπιβάλλομαι;

... será que ainda anseio pela virgindade?

Comentário O gramático Apolônio Díscolo, fonte do Fr. 33, preservou o 107, no tratado *Sobre as conjunções* (1.223.24 ss.). A virgindade, tema recorrente no epitalâmio, uma vez que está em evidência sua ruptura no enlace sexual que deve consumar o casamento, é pensada pelo *eu* que nos fala.

FRAGMENTO 108

ὦ κάλα, ὦ χαρίεσσα

Ó bela, ó graciosa ...

Comentário Citado em Himério,[7] fonte do Fr. 104, este fragmento traz as palavras de condução do noivo à noiva, no aposento nupcial, informa a fonte, ao qual realçam a beleza dela.

7. *Oração* 9.

FRAGMENTO 109

δώσομεν, ἧσι πάτηρ

... dá-la-emos, diz o pai ...

Comentário Citado em anônimo comentário reunido junto a outros dispersos na coletânea *Anedota Oxfordiana*,[8] o fragmento surge a propósito de um verso da *Ilíada*,[9] que com o termo equivalente (*ê*) ao usado por Safo (*êsi*), observa o comentador, expressa o dizer em 3ª pessoa do singular. Nele, há apenas três palavras, ligadas decerto à passagem da noiva de sua própria família à do noivo, pelas mãos do pai.

FRAGMENTO 110

Θυρώρωι πόδες ἐπτορόγυιοι,
τὰ δὲ σάμβαλα πεμπεβόεια,
πίσσυγγοι δὲ δέκ' ἐξεπόναισαν

Os pés do porteiro têm sete braças,
e as sandálias, couro de cinco bois –
e dez sapateiros nelas labutaram ...

---

8. I 190, século XIX.
9. I, 528.

Comentário Assim como o Fr. 102, este é citado em Heféstion (7.6); e, segundo Pólux, fonte do Fr. 54, a figura nele enfocada jocosamente, o guardião do leito nupcial ou tálamo, tinha por função impedir que os amigos da noiva acorressem a resgatá-la do quarto que a guardava junto ao noivo. Tal figura tem contraparte real na cerimônia, o escolhido amigo do noivo, o real *thyrōrós*, como é chamado, ressalta Caciagli,[10] que se mantém em vigilância, enquanto os coros e danças prosseguem, do lado de fora do tálamo. Hesíquio (século v d.C.), no verbete ao termo em seu *Léxico*, dá *thyrōrós* o sinônimo *paránymphos*, "o amigo do noivo". As amigas da noiva começam seu canto jocoso por ele, na figura do monstrinho, zombeteiramente, sublinha[11] – a zombaria, a jocosidade sendo da tradição popular das canções de casamento.

FRAGMENTO 111

*Ἴψοι δὴ τὸ μέλαθρον
ὑμήναον,
ἀέρρετε, τέκτονες ἄνδρες
ὑμήναον,
γάμβρος †(εἰσ)έρχεται ἴσος Ἄρευι†
⟨ὑμήναον,⟩
ἄνδρος μεγάλω πόλυ μέζων
⟨ὑμήναον.⟩*

Ao alto o teto –
Himeneu! –
levantai, vós, varões carpinteiros! –
Himeneu! –
o noivo chega, qual Ares –
Himeneu! –
muito maior do que um varão grande –
Himeneu!

---

10. 2009, p. 68.
11. Ferrari, 2010, pp. 124-5.

Comentário   Também citado em Heféstion (7.1), o fragmento louva a beleza do noivo símil a Ares, deus da guerra, e altíssimo, canta em tom de brincadeira a descrição hiperbólica. Na cena, alude-se à entrada do noivo no aposento nupcial – daí a referência ao teto e a Himeneu, deus da boda, cuja presença na festa, por isso solicitada aos gritos, garantiria o sucesso da união sexual para a qual o noivo está superlativamente equipado em sua virilidade. Da tradição popular das canções nupciais vem esse elemento da jocosidade e da malícia à beira da vulgaridade, que pode ter dois propósitos: aliviar a tensão de todo o processo do enlace sexual dos noivos em dado momento da cerimônia; afastar mau agouro, *aprotopaica*, da festa, logo, da união nela celebrada e consumada. Mais: daquela tradição vem o refrão e a repetição de palavras, típicos da oralidade, que aqui e em outros epitalâmios de Safo encontramos.

FRAGMENTO 113

οὐ γὰρ
ἀτέρα νῦν πάις, ὦ γάμβρε, τεαύτα

Pois, ó noivo, jamais como agora outra menina como esta ...

Comentário   Citado em Dionísio de Halicarnasso (25), mesma fonte do Fr. 1, o fragmento traz canção em que, a certa altura, o coro se dirige ao noivo, celebrando a beleza ímpar da noiva.

FRAGMENTO 114

[νύμφη) παρθενία, παρθενία, ποῖ με λίποισ' α<π>οίχηι;
(παρθενία) †οὐκέτι ἤξω πρὸς σέ, οὐκέτι ἤξω†.

(NOIVA) "Virgindade, virgindade, aonde vais, me
[abandonando?"

(VIRGINDADE) "Nunca mais a ti voltarei, nunca mais voltarei"

Comentário Este, como o 101A, tem em Demétrio (140) sua fonte. O canto dialogado, forma já vista nos Frs. 133 e 140, é de *performance* coral. Novamente, a canção jocosa centra-se na incontornável perda da virgindade, usando o humor decerto como meio de aliviar a tensão e o impacto de todo o processo que conduz a virgem à idade adulta, em que passa a atuar na esfera do sexo, deixando para trás sua casa, a mãe e as amigas – a existência de *parthénos*. "O casamento é um evento importante e que muda a vida; logo, é potencialmente assustador. O trauma ritualizado elabora os temores reais, apresentando-os de um modo regulado. Articular essas ansiedades serve, pois, como forma de mitigá-las, retratando-as como parte normal e necessária da transição e, assim, uma resposta saudável, em vez de destrutiva, à mudança".[12] Os termos do Fr. 114 configuram uma "linguagem reminiscente do lamento",[13] da *moirología* – canto de lamento pela perda (morte, casamento, partida da casa); e sua perspectiva é feminina, a refletir a "ansiedade que a noiva sente em antecipação à noite nupcial e à nova vida com seu marido".[14]

---

12. Swift 2010, p. 248.
13. Lardinois 2011, p. 164.
14. Lardinois, pp. 164–5.

FRAGMENTO 115

Τίῳ σ', ὦ φίλε γάμβρε, κάλως ἐικάσδω;
ὄρπακι βραδίνῳ σε μάλιστ' ἐικάσδω.

A que, ó caro noivo, belamente te comparo?
A um ramo esguio sobretudo te comparo ...

Comentário   Também preservado em Heféstion (7.6), esse fragmento faz o elogio do noivo jovem,[15] porque comparado a jovem planta, de sua graça física marcada no adjetivo à vergôntea, *órpaki bradínōi*, chamando a atenção da noiva e tornando-o atraente sexualmente aos seus olhos. A comparação é feita pela técnica da *eikasía*,[16] pela qual se exprime elogio, como é o caso, ou jocosidade; daí o uso do verbo *eikázein* nos dois versos do fragmento. Tal recurso, bem como a própria repetição, são característicos da tradição popular das canções de casamento. e tradicional é igualmente o conjunto de imagens "para expressar beleza e vigor juvenis: flores e primavera se enlaçam ao topos da assimilação da vida humana à fertilidade natural, enquanto o uso de um ramo para representar o vigor jovem se acha em Homero tanto para moços quanto para moças".[17]

15. Ragusa e Rosenmeyer 2019, pp. 62–75.
16. Hague, 1983, pp. 132–9.
17. Swift, 2010, p. 246.

FRAGMENTO 116

χαῖρε, νύμφα, χαῖρε, τίμιε γάμβρε, πόλλα

Salve, ó noiva, salve, ó digno noivo, muitas ...

Comentário Preservado por Sérvio (século IV d.C.), em seu comentário às *Geórgicas* (1.31) de Virgílio (século I a.C.), o fragmento saúda os noivos, elogiando-os.

FRAGMENTO 117

†χαίροις ἀ νύμφα†, χαιρέτω δ' ὁ γάμβρος

Saudações, ó noiva, saudações, ó noivo ...

Comentário Citado por Heféstion (4.2), o fragmento traz conteúdo similar ao do 116.

Festividades

NOTA INTRODUTÓRIA   O Fr. 2 fala em festividades que não podemos precisar; os epitalâmios, caracterizados por estruturas métricas próprias, têm por texto/contexto a cerimônia do casamento e seus festejos, os quais estão presentes em fragmentos não epitalâmicos: 23, 44, 141. No grupo a seguir, destaca-se a festa, ora ligada ao casamento, ora a ritos de celebração aos deuses, ora ao banquete, evento da vida cotidiana masculina, largamente celebrado na poesia grega antiga, em todos os seus gêneros.

FRAGMENTO 27

[*versos 1-3: ilegíveis e lacunares*]

...]. καὶ γὰρ δὴ σὺ πάις ποτ[
...]ικης μέλπεσθ' ἄγι ταῦτα[
...] ζάλεξαι, κἄμμ' ἀπὺ τωδεκ[
ἄ]δρα χάρισσαι

σ]τείχομεν γὰρ ἐς γάμον· εὖ δε[
καὶ] σὺ τοῦτ', ἀλλ' ὄττι τάχιστα[
πα]ρ[θ]ένοις ἄπ[π]εμπε, θέοι[
]εν ἔχοιεν
] ὄδος μ[έ]γαν εἰς Ὄλ[υ]μπον
ἀ]νθρωπ[   ]αίκ.[

... e certa vez tu também menina ...
... cantar-dançar vem! – estas coisas ...
... discutir, e para nós ...
... abundantes deleites;
... pois apressamo-nos à boda; bem ...
... isso também tu, mas então rápido
as virgens envia, deuses ...
... tivesse ...
... caminho ao grande Olimpo
... mortais ...

Comentário   Preservado no *Papiro de Oxirrinco* 1231, como o Fr. 15 e tantos outros, o 27 traz uma voz que busca convencer alguém – o *tu* pode ser a noiva ou a mãe da noiva – a tomar parte na procissão de ida ao casamento, liderando virgens certamente ligadas à noiva; os últimos versos legíveis enveredam para uma sentença moralizante. Caciagli[1] nota que no fragmento "afloram quase todos os aspectos que caracterizam a obra da poeta", como os entrelaçados canto-dança, *mélpesthai*, e o desejo, *érōs*, entrelaçados, como nos Frs. 22, 94, 96; "termos conexos à juventude" das personagens, recorrentes nas canções de Safo; o tema da memória, destacado nesta antologia, indicado no verso 1 (*pote*); e "a referência à cerimônia nupcial". Nesse sentido, a linguagem faz-se reflexo da canção da poeta, e a *persona* faz-se a líder das meninas do coro – a *khorodidáskalos*.[2]

---

1. 2009, p. 63.
2. Frisam-no Caciagli (2009, p. 64) e Ferrari (2010, p. 34).

FRAGMENTO 30

νύκτ[...].[
πάρθενοι δ[
παννυχίσδοι[σ]αι[
σὰν ἀείδοισ[ι]ν φ[ι]λότατα καὶ νύμ-
φας ἰοκόλπω.
ἀλλ' ἐγέρθεις, ἠϊθ[ε
στεῖχε σοὶς ὐμάλικ[ας
ἤπερ ὄσσον ἀ λιγύφω[νος
ὔπνον [ἴ]δωμεν.

... virgens ...
... celebrando um festival noturno ...
... teus amores cantariam e os da noiva
de violáceo colo ...

mas, despertos,[3] os moços solteiros...
traz teus coevos ...
para que mais do que a clarissonante...
sono vejamos.

---

3. A tradução busca enfatizar o sentido do acordar com o dia, mas é válida ainda a tradução por "tendo se erguido" (Ragusa, 2019a, p. 95). A opção depende do entendimento da celebração noturna (*pannykhís*) do verso 3, que é a ocasião de *performance*: se sucede o banquete do casamento (Ferrari, 2010, p. 114), com o coro de moças a chamar o noivo e seus coevos a se erguerem da mesa; ou se é o momento em que o coro vem para o despertar celebrativo matinal dos noivos, ao fim da noite e raiar do dia (Stehle, 1997, pp. 279-80), como prefiro pensar aqui.

Comentário   Tendo por fonte a mesma do Fr. 27, o 30 igualmente revela uma linguagem muito característica do universo sáfico: a menção de moças virgens, o cantar e a festividade, destacados como temas dos fragmentos nesta antologia. Desse modo, pode-se pensar como sendo da *persona* da líder do coro, Safo, a voz que fala ao noivo, como se nota no início e no fim, e da celebração festiva e ritual noturna, *pannykhís* – como a do Fr. 23 –, nomeada no verso 2, no verbo *pannykhísdoisai*. Em seguida, a *persona* parece concentrar-se no grupo masculino que do banquete, antes da procissão nupcial, tomava parte separadamente do feminino, ligado à noiva e também presente. O fragmento, como o 27, tem caráter epitalâmico, mas sua estrutura métrica não condiz com as desse subgênero mélico cujos fragmentos acham-se em tópico próprio.

FRAGMENTO 43

[*versos 1-3: ilegíveis e lacunares*]
] [κ]αλος
]. ἄκαλα κλόνει
] κάματος φρένα
]ε κατισδάνε[ι]
] ἀλλ' ἄγιτ', ὦ φίλαι,
], ἄγχι γὰρ ἀμέρα.

... belo ...
... serenidade ... agita
... fadiga ... sensos
... senta-se ...
... mas vamos, ó minhas queridas,
... pois perto o dia.

Comentário Tendo por fonte o *Papiro de Oxirrinco* 1232, fonte do Fr. 44, o 43 talvez seja destinado a ritualística *pannykhís*, como o anterior e o Fr. 23. Isso segundo a indicação do último de seus parcos versos que é o final da canção perdida, que fala da aproximação do amanhecer. Ressalto a presença de *phílai*, designando possivelmente as meninas do coro de Safo, responsáveis pela *performance*. A atividade ritual, como enfatizei na introdução e no comentário do Fr. 94, por exemplo, é de todo compatível e própria às atividades de grupos corais femininos, como atestam os partênios – as canções para virgens de Álcman, o poeta mélico da Esparta mais ou menos contemporâneo a Safo.

FRAGMENTO 81

[*versos 1-3: ilegíveis e lacunares*]
σὺ δὲ στεφάνοις, ὦ Δίκα, πέρθεσθ' ἐράτοις φόβαισιν
ὄρπακας ἀνήτω συν<α>έρραισ' ἀπάλαισι χέρσιν
εὐάνθεα †γὰρ πέλεται† καὶ Χάριτες μάκαιρα<ι>
μᾶλλον †προτερην†, ἀστεφανώτοισι δ' ἀπυστρέφονται.

... e tu, ó Dica, cinge teus cachos com amáveis guirlandas,
tramando raminhos de aneto com mãos macias;
pois mesmo as Cárites venturosas voltam-se ao florido,
sobretudo, mas ao não-coroado dão as costas.

Comentário Ateneu, fonte também do Fr. 141, declara sobre a tradição de adornar-se: "Safo expressa com mais simplicidade a razão de nossa prática de usar guirlandas, dizendo isto", em cena talvez de adorno da noiva, a jovem em evidência nos versos, em busca do favor das deusas Graças do charme sedutor. Dica, preparada algo ritualisticamente, é tornada "ainda mais amável, mais bela, e, portanto, mais desejável"[4] para seu *gámos*, sua boda. A intimidade – ilusão da dicção sáfica – da fala à jovem insere a cena possivelmente na preparação da noiva para o banquete nupcial.

---

4. Bartol, 1997, p. 79.

Vestes e adornos

NOTA INTRODUTÓRIA No universo feminino tão privilegiado na mélica sáfica, recebem atenção vestes e adornos, que tornam mais belas e atraentes as figuras contempladas. Isso se nota no Fr. 22, em que o vestido integra a apreensão erótica do objeto do desejo de quem com os olhos o detém; e no Fr. 44 em que a beleza da noiva que chega a Troia se reflete no dote cheio de tecidos e ornamentos. Eis mais dois fragmentos.

FRAGMENTO 39

> πόδα<ς> δὲ
> ποίκιλος μάσλης ἐκάλυπτε, Λύδι-
> ον κάλον ἔργον.

> ... e cobria
> seus pés sandália furta-cor, belo
> trabalho lídio ...

Comentário Citado num escólio à comédia *A paz*,[1] de Aristófanes (séculos v–iv a.C.), o fragmento faz menção à Lídia que para a Grécia exportava variados e altamente elaborados produtos de luxo, como a sandália de uma figura feminina, nos versos acima.

1. Verso 1174.

FRAGMENTO 62

'Επτάξατε [
δάφνας ὄτα[
πὰν δ' ἄδιον[
ἦ κῆνον ἐλο[
καὶ ταῖσι μὲν ἀ[
ὀδοίπορος ἄν[...]...[
μύγις δέ ποτ' εἰσάιον ἐκλ[
ψύχα δ' ἀγαπάτασυ.[
τέαυτα δὲ νῦν ἔμμ[
ἴκεσθ' ἀγανα[
ἔφθατε κάλαν[
τά τ' ἔμματα κα[

Vós vos agachastes ...
de louro ...

e tudo mais doce ...
do que aquele ...

e a essas ...
viajante ...

e a custo certa vez eu ouvi; ...
e o ânimo dileto ...

e agora tais vestes ...
chegar ... gentil ...

primeiro viestes; bela ...
e as vestes ...

Comentário   Preservado no *Papiro de Oxirrinco* 1787, fonte do Fr. 65 e de outros, o 62, cujo início e final são marcados, conjuga elementos que colocam em cena figuras femininas, como parece. Seria o coro o *vós*, e sua líder, a voz em 1ª pessoa do singular? Seriam vestes e a memória de uma jovem já ida o foco?

FRAGMENTO 92

[versos 1-2 e 14-6: ilegíveis e lacunares]
πέπλον[...]πυσχ[
καὶ κλε[...]σαω[
κροκοεντα[
πέπλον πορφυ[ρ......]δεξω[
χλαιναι περσ.[
στέφανοι περ[
καλλ.]οσσαμ[
φρυ[
πορφ[υρ

... peplo ...
...
açafroado ...
peplo purpúreo ...
mantos persas ...
guirlandas ...
...
purpúreo ...

Comentário   Tendo por fonte o *Papiro de Berlim* 9722, que nos trouxe o Fr. 96, entre outros, o 92 contém algumas palavras em inícios de versos, mas todas ligadas a vestes e adornos que são objeto de cuidado nos grupos corais femininos e tema de suas canções, como mostram Álcman e seus partênios, e as muitas canções de Safo que já vimos. Chamam a atenção as vestes, seja pelo luxo, expresso no colorido, seja pela forma ou pela maciez – qualidade que, criando um contraste, marca pelo adjetivo *ábrois'(i)* o pano rústico, *lasíois'(i)*, que bem recobre alguém na linha única e lacunar do Fr. 100.

FRAGMENTO 125

†αυταόρα† ἐστεφαναπλόκην

... eu mesma em meu tempo tecia guirlandas ...

Comentário Citado num escólio à comédia *As tesmoforiantes*,[2] de Aristófanes, o fragmento faz menção a uma das atividades corais mais típicas das associações femininas, mencionada nos Frs. 81, 94, e a seguir, no 98. O escólio comenta que a prática liga-se à juventude de mulheres de tempos antigos, como Safo.

2. Verso 401.

Cleis

FRAGMENTO 98 (A-B)

...]θος ἀ γάρ με ἐγέννα|τ
σ|φᾶς ἐπ' ἀλικίας μέγ|αν
κ|όσμον αἴ τις ἔχη φόβα<ι>σ|
πορφύρωι κατελιξαμέ|να

ἔμμεναι μάλα τοῦτο .[
ἀλλα ξανθοτέρα<ι>ς ἔχη|
τα<ὶ>ς κόμα<ι>ς δάϊδος προφ|

σ|τεφάνοισιν ἐπαρτία|ις
ἀνθέων ἐριθαλέων [
μ|ιτράναν δ' ἀρτίως κλ[

ποικίλαν ἀπὺ Σαρδίω|ν
...]. αονίας πόλεις [

~

-- σοὶ δ' ἔγω Κλέι ποικίλαν [
-- οὐκ ἔχω -- πόθεν ἔσσεται; -- [
-- μιτράν<αν> ἀλλὰ τὼι Μυτιληνάωι [

... pois ela, a que me gerou ...

em sua época, era grande
adorno, se alguém tinha os cachos
atados em nó purpúreo;

era isso mesmo ...
mas se alguém tinha a coma
mais fulva que a tocha ...,

com guirlandas [ornadas]
de flores em flor ...
Há pouco, [Cleis], uma fita

furta-cor de Sárdis ...
... cidades ...

Mas eu, a ti, Cleis, uma fita furta-cor ... –
não tenho meios de tê-la;
mas com o mitilênio ...

~

... ter ...
... furta-cor ...
estas coisas dos Cleanatidas ...
o exílio ...
memoriais ... pois terrivelmente devastado(a) ...

Comentário   Preservado em fontes do século III a.C., o *Papiro de Copenhagen* 301 (**a**) e o *Papiro de Milão* 32 (**b**), o fragmento é lido em chave biográfica, por conta do nome de Cleis que, segundo fontes antigas, era filha da poeta; logo, o *eu* seria "Safo", que se referiria, ainda, à sua mãe, a avó de Cleis, na abertura. Há nele uma contraposição entre os tradicionais adornos, tidos como elegantes no passado, e o adorno mais sofisticado e desejado no presente, a *mítra*, fita ou faixa adornada que cobria o cabelo, mas não as orelhas, feita na Lídia, como a sandália do Fr. 39 – provas do influxo oriental na cultura da ilha de Lesbos, ambas ditas "furta-cor", na tradução do adjetivo derivado do substantivo *poikilía*, que carrega as ideias do cintilar, da múltipla cor, do variegado, ou seja, da mistura de luz, formas ou cor, que dificulta a direta e clara apreensão do objeto que se contempla, e que justamente por isso associa-se à sedução erótica e à astúcia. O *eu* lamenta a incapacidade de dar a Cleis a *mítra*, devido à austeridade projetada no tempo presente, que contrasta com o passado. Que uma fita de cabelo Lídia "possa chamar tanta atenção como um objeto capaz de perturbar os sonhos de uma jovem menina aristocrática é um dos sinais de um processo de aculturação que se espalhava pelas cidades eólias e jônicas da Ásia Menor e das ilhas próximas".[1] Mais: bem pode ser símbolo de *status* e/ou de afinidades políticas. No fragmento, talvez por restrições políticas a *mítra* esteja fora de alcance, impostas pelo governo do "mitilênio", possivelmente Pítaco, ou o adjetivo de um substantivo identificado a outra personagem. Há ainda a menção ao exílio "dos Cleanactidas" ou "de Cleanactides", de memória ainda viva em Lesbos, mas não sabemos como isso se ligaria ao "mitilênio", a Cleis, a "Safo". Cabe recordar que fontes antigas falam de um período de exílio vivido por Safo em Siracusa, na Sicília (Magna Grécia), por conflitos de seu grupo aristocrático com Pítaco, de quem falei no comentário do Fr. 71, anteriormente.

1. Ferrari, 2010, p. 5.

FRAGMENTO 132

Ἔστι μοι κάλα πάις χρυσίοισιν ἀνθέμοισιν
ἐμφέρη‹ν› ἔχοισα μόρφαν Κλέις ‹ › ἀγαπάτα,
ἀντὶ τᾶς ἔγωὐδὲ Λυδίαν παῖσαν οὐδ' ἐράνναν...

Tenho bela criança, portando forma símil
à das áureas flores, Cleis, filha amada,
por quem eu não [trocaria] toda a Lídia, nem a amável ...

Comentário   Citado em Heféstion (15, 18s.), fonte do Fr. 102, o 132 é o segundo e último em que vemos claramente o nome de Cleis, que o *eu* introduz como sua filha, louvando-lhe a beleza da juventude, na imagem das flores de ouro, e afirmando seu valor único no termo *agapáta*, "amada, querida" – que denota o que deve bastar ao contentamento. Por ela, nenhuma troca poderia ser feita, indica a elaboração do verso 3, nem pelo reino mais rico em ouro (a Lídia), nem, talvez, pela terra-mãe, Lesbos.

Reflexões ético-morais

FRAGMENTO 26

[*versos 1 e 13–5: ilegíveis e lacunares*]
ὄ]ττινα[ς γὰρ
εὖ θέω, κῆνοί με μά]λιστα πά[ντων
σίνονται
[*versos 5–6: ilegíveis e lacunares*]
].ιμ' οὐ πρ[
]αι
] σέ, θέλω[
]το πάθη[
]αν, ἔγω δ' ἔμ' αὔται
τοῦτο συνοίδα

... pois aqueles a quem trato bem
são os que dentre todos sobretudo me
machucam ...
... não ...
... a ti, quero ...
... sofrimentos ...
... mas eu própria
disso tenho consciência ...

Comentário A fonte do fragmento é o *Papiro de Oxirrinco* 1231, como também do Fr. 15. O que se lê parece centrar-se numa discussão de caráter ético-moral a partir da experiência do *eu* feminino que se mostra consciente da dolorosa ingratidão, e não ingenuamente iludida.

FRAGMENTO 37

κὰτ ἔμον στάλαγμον

~

τὸν δ' ἐπιπλάζοντ' ἄνεμοι φέροιεν
καὶ μελέδωναι

... em minha dor ...

~

... a ele que me censura, que o carreguem ventos
e anseios ...

Comentário   A fonte é o tardio *Etimológico genuíno*, como é o caso do 126. Dor e rejeição à censura recebida e talvez indevida: eis o que canta o fragmento.

FRAGMENTO 50

ὁ μὲν γὰρ κάλος ὄσσον ἴδην πέλεται <κάλος>,
ὁ δὲ κἄγαθος αὔτικα καὶ κάλος ἔσ<σε>ται.

... pois o belo é belo enquanto se vê,
mas o bom será de pronto também belo ...

Comentário   Na *Exortação à aprendizagem* (8.16), Galeno (século II d.C.) cita esses dois versos em que Safo contrapõe a beleza à bondade: "Portanto, já que o auge da juventude é como as flores primaveris, trazendo prazer de curta vida, é melhor louvar a lésbia, quando ela diz".

FRAGMENTO 52

ψαύην δ' οὐ δοκίμωμ' ὀράνω †δυσπαχέα†

... não espero tocar o céu com meus dois braços ...

Comentário   A fonte desse fragmento, como do 144, é Herodiano, no tratado *Sobre palavras anômalas* (2.912). Nele, o *eu* afirma-se consciente dos limites próprios da mortalidade, que têm no alcance dos céus e no voo uma de suas imagens mais fortes e recorrentes na tradição mítico-poética grega.

FRAGMENTO 58

]ιμέναν νομίσδει
]αις ὀπάσδοι
ἔγω δὲ φίλημμ' ἀβροσύναν,   ]τοῦτο καί μοι
τὸ λάμπρον ἔρος ἀελίω καὶ τὸ κά]λον λέλογχε.

... considera ...
... concederia;
mas eu amo a delicadeza ... isso, e a mim
o desejo do sol deu por parte a luz e a beleza também.

Comentário   Os dois últimos e mais legíveis versos[1] do Fr. 58, cuja fonte é o *Papiro de Oxirrinco* 1787, que preservou o 65, constam de outra, Ateneu (15.687 B), que também cita o já visto Fr. 141. Após a publicação em 2004 do novo papiro de Safo – que revelou uma nova canção fragmentária, em texto que se sobrepõe a boa parte do que até então era editado como Fr. 58 e que chamamos "Canção sobre a velhice", traduzida adiante –, concluiu-se que aqueles versos são independentes dos que os precedem e

1. Versos 25–26.

abririam uma nova canção. Eis acima, pois, a tradução do que seriam os versos 23-26 daquele papiro de Oxirrinco, que trazem uma noção muito cara à mélica sáfica, da *habrosýnē*, "delicadeza", de entranhada sensualidade em dimensão de sentido estético, que alude a certo modo de vida aristocrático, marcado pelo luxo e pelo refinamento que estimulavam a importação de objetos e costumes orientais sob o signo de tais marcas. Note-se a imagem do *éros* do sol, que denota o desejo de viver, de vida, na solução para a tradução que me parece mais interessante ao contexto de citação.

FRAGMENTO 120

ἀλλά τις οὐκ ἔμμι παλιγκότων
ὄργαν, ἀλλ' ἀβάκην τὰν φρέν' ἔχω...

... mas não sou das de têmpera rancorosa,
mas tenho a mente serena ...

Comentário É fonte do fragmento o *Etimológico magno* (2.43); nele, o *eu* explica sua disposição.

FRAGMENTO 148

ὁ πλοῦτος ἄνευ ἀρέτας οὐκ ἀσίνης πάροικος
(ἀ δ' ἀμφοτέρων κρᾶσις †εὐδαιμονίας ἔχει τὸ ἄκρον†)

... a riqueza sem a excelência não é vizinha inofensiva,
mas a mistura de ambas traz a mais alta ventura ...

Comentário Um escólio a Píndaro[2] cita o fragmento, que condena a separação entre a prosperidade material e a virtude ético-moral.

2. *Ode olímpica* 2, verso 96 B.

FRAGMENTO 158

σκιδναμένας ἐν στήθεσιν ὄργας
μαψυλάκαν γλῶσσαν πεφύλαχθαι

... a raiva espalhando-se
no peito, proteger-se da língua tagarela ...

Comentário   No tratado *Sobre o refrear da cólera* (456 E), Plutarco, fonte do Fr. 49, cita o 158 como um conselho de Safo diante da seguinte situação:

Quando as pessoas estão bebendo, o que permanece silencioso é um peso cansativo a seus companheiros; mas quando alguém está com raiva, nada é mais digno do que a quietude, como exorta (*paraineî*) Safo.

Esse contexto realça o elemento parenético, muito disseminado na poesia grega arcaica e clássica, por sua natureza oral e pragmática, em essência, de estreitos laços com a vida cotidiana e função paidêutica – no caso, junto ao coro de meninas da poeta.

« Canção sobre a velhice »

NOTA INTRODUTÓRIA Como observei na anotação ao Fr. 58, este foi quase totalmente reeditado com a publicação, em 2004, do *Papiro de Colônia* 21351 (início do século III a.C.), cujo texto se sobrepunha a boa parte daquele fragmento.[1] No início, a linguagem metapoética desenha uma cena de canto junto a "meninas", como há que entender o termo *paîdes*,[2] considerada a associação liderada por Safo, integrada pelo favorecimento de divindades que devem ser as Musas, dado o tema dos versos da abertura preservada. Em seguida, o tema da velhice vem à tona e, com ele, a reiterada imagem dos cabelos que se tornam grisalhos, e a provável referência à perda do frescor do corpo ou da pele, como parece cantar o precário Fr. 21; depois, os tormentos e preocupações, e a dificuldade de movimentação, que contrasta drasticamente com a leveza de joelhos dançantes na juventude. Esse quadro é motivo de dor, mas é inexorável e inelutável; daí a expressão do sentimento agudo de impotência resignada e consolada contra o que é próprio da natureza mortal: envelhecer. Para ilustrar tal verdade, em passagem gnômica, o *eu* que dramatiza a líder do coro de meninas recorda o mito da paixão de Eos, a Aurora, pelo

---

1. Tradução e comentários embasados na edição do texto grego dada em Buzzi *et alii* (2008, p. 14) e em Greene e Skinner (2009 pp. 11 e 14-15), com a possibilidade de alguns suplementos sugeridos por Martin L. West ("The new Sappho". ZPE 151, 2005, pp. 1-9), indicados no texto traduzido entre parênteses, como sempre nos fragmentos desta antologia. Tais suplementos são: o nome das Musas no primeiro verso preservado, cujo colo é qualificado; os adjetivos *hápalos* e *lêukai*, para adjetivar como "tenra" (*ápalon*) a "pele" (*khróa*) e "brancos" os cabelos de quem envelhece. As canções do novo papiro foram publicadas pela primeira vez por M. Gronewald e R. W. Daniel ("Ein neuer Sappho-Papyrus". ZPE 147, 2004, pp. 1-8).
2. Verso 1.

jovem mortal troiano Titono, para o qual é nossa fonte principal o *Hino homérico v, a Afrodite*,³ datado do século VII a.C., e de autoria anônima. Em síntese, esse mito conta como a deusa, tomada de paixão, pediu a Zeus que tornasse imortal seu amado por ela abduzido e levado ao Olimpo; a deusa, porém, esqueceu-se de que a mortalidade do homem não se concretiza apenas na morte, mas na velhice. Assim, Titono tornou-se imortal, mas imortalmente, eternamente velho. Ora, sendo a paixão suscitada e sustentada pela beleza do corpo e pela sua capacidade de atração, a esfera da velhice é inadequada aos dons de Afrodite. Eos, então, acaba por se desinteressar por completo do mortal, a quem encerra num quarto, do qual ressoa sem cessar sua voz – em certas tradições, esta é uma referência à metamorfose de Titono em cigarra –, a ecoar de seu débil e velho corpo sempre a minguar. Merece nota o fato de que Safo, com esse fragmento, ganha relevo na série de textos poéticos da Grécia arcaica que trata da velhice, em gêneros variados, com ênfase na decadência física que, no célebre Fr. 1 – uma elegia talvez completa – de Mimnermo, ganha conotação ético-moral, e é descrita como obstáculo intransponível à participação na esfera de Afrodite. Dado o ingrediente erótico do mito que também esse poeta de meados do século VII a.C. recorda noutra elegia – o Fr. 4, em que o presente de Titono é julgado pior do que a própria morte, dada a primazia da paixão na sua perspectiva –, é possível que a soma do canto e dança à velhice e à referência mítica no novo fragmento de Safo apontem para um cenário em que também Afrodite e/ou seu universo tomassem parte. Digno de nota, ainda, é o modo como Eos se caracteriza, recordando a imagem homérica da Aurora *rhododáktylos*, "dedirróseia", no epíteto composto *brodópakhyn*, no Fr. 53 atribuído às Cárites. Ampliando o epíteto homérico, Safo amplia os rasgos róseos-avermelhados-alaranjados do amanhecer, traçados não por dedos, mas pelos braços que tanto desejaram enlaçar Titono, enquanto jovem e belo foi seu corpo. Digna de nota, por fim, é a ressonância do Fr. 26 de Álcman no novo de Safo, em que a voz autodramatizada do poeta

---

3. Versos 218-238.

– como o é a voz de Safo na canção que traduzo – canta às *parthénoi*, as virgens de seu coro, a dor de seu próprio envelhecer que o impede de seguir acompanhando-as nas *performances* das canções.

ἰ]οκ[ό]λπων κάλα δῶρα, παῖδες,
τὰ]ν φιλάοιδον λιγύραν χελύνναν

] ποτ' [ἔ]οντα χρόα γῆρας ἤδη
ἐγ]ένοντο τρίχες ἐκ μελαίναν

βάρυς δέ μ' ὀ [θ]ῦμος πεπόηται, γόνα δ' [ο]ὐ φέροισι,
τὰ δή ποτα λαίψηρ' ἔον ὄρχησθ' ἴσα νεβρίοισι.

τὰ <μὲν> στεναχίσδω θαμέως ἀλλὰ τί κεν ποείην;
ἀγήραον ἄνθρωπον ἔοντ' οὐ δύνατον γένεσθαι.

καὶ γάρ π[ο]τα Τίθωνον ἔφαντο βροδόπαχυν Αὔων
ἔρωι φ.. αθεισαν βάμεν' εἰς ἔσχατα γᾶς φέροισα[ν,

ἔοντα [κ]άλον καὶ νέον, ἀλλ' αὐτον ὔμως ἔμαρψε
χρόνωι πόλιον γῆρας, ἔχ[ο]ντ' ἀθανάταν ἄκοιτιν.

... [das Musas] de violáceo colo os belos dons, meninas,
... a melodiosa lira, amante do canto;

[tenra] outrora, agora é a pele da velhice,
... os cabelos, de negros [brancos] se tornaram.

Pesado se me fez o peito, e os joelhos não me suportam –
os que um dia foram lépidos no dançar, quais os da corça.

Isso lamento sem cessar, mas que posso fazer?
O não-envelhecer não é possível ao ser humano.

Pois, certa vez, dizem que Eos de róseos braços,
com paixão ... carregando Titono aos confins da terra,

belo e jovem que era; mas mesmo a ele alcançou similmente
em tempo a grisalha velhice – a ele que tinha imortal esposa.

Canto, velhice: um convite

FRAGMENTO 21

[*versos 1-2: ilegíveis e lacunares*]
]ανδ' ὄλοφυν [....]ε.
] τρομέροις π.[..]α.λλα
]
] χρόα γῆρας ἤδη
]ν ἀμφιβάσκει
]ς πέταται διώκων
]
]τας ἀγαύας
]εα, λάβοισα
] ἄεισον ἄμμι
τὰν ἰόκολπον   ]
]ρων μάλιστα
]ας π[λ]άναται

... lamento ...
... trêmulos ...
... a pele da velhice ...
... em redor ...
... voa, perseguindo
... brilhante
... ele pegando
... canta tu a nós
a de violáceo colo ...
... sobretudo
... vagueia ...

Comentário   Preservado no *Papiro de Oxirrinco* 1231, em que estão vários outros fragmentos vistos desde o Fr. 15, o precário texto traz uma cena em que, como podemos sugerir, a *persona* da líder do grupo faz um convite ao cantar, dirigindo-se a uma das coreutas imperativamente, após lamentar a própria velhice. Ressoam aqui os versos da canção do novo fragmento que recorda o mito de Titono e Eos, justamente a propósito do inevitável envelhecer aos seres humanos. Naquele fragmento, o envelhecimento é temível à *persona* da líder que canta lamentosamente às coreutas a chegada do que será impeditivo ao dançar, ressaltando as marcas no corpo – pele, cabelos, joelhos – e o peso das preocupações e ansiedades no peito. Neste Fr. 21, é possível que a velhice seja obstáculo ao cantar que honra a figura de "colo violáceo" – talvez uma das Musas pela mesma qualidade provavelmente referidas na "Canção sobre a velhice", ou Afrodite, ou uma coreuta ou, como no Fr. 30, uma noiva cujo colo é qualificado pelo adjetivo *iókolpon*, "de violáceo colo". Se, porém, não pode a líder cantar, que cante a ela, às demais *parthénoi* do coro e à audiência uma das coreutas, uma das jovens de seu grupo. Afinal, parece dizer a poeta, a *performance* não deve parar.

De cantos, cordas, prêmio: imortalidade?

NOTA INTRODUTÓRIA Do mesmo papiro que preservou a "Canção sobre a velhice" vem, de mais legível, um outro novo fragmento breve, do qual temos os versos finais. Neles, estão presentes festa, o canto da *persona* e instrumentos de corda. Precisamente, a "harpa", *pâktin*, que referida no Fr. 22, e talvez a *khelýnna*, um tipo de lira nomeado pela casca da tartaruga que lhe servia de caixa de ressonância e que designa o instrumento na "Canção sobre a velhice". Tais cordófonos se combinam, ressoando as canções que já aqui ouvimos – incluindo aquelas que cantam o próprio cantar. O "prêmio", *géras*, talvez seja a "grande fama das Musas", *kléos méga Moíseion*. No presente da canção, tempo enfatizado por duas vezes, emergem as ideias da morte, do estar sob a terra, e do estar vivo, sobre ela. Haveria no precário texto algo relativo à contemplação de Safo no Hades, morta, e a sua imortalização pela poesia, como vimos nos Frs. 55, 65 e 147? A resposta seria sim, e decerto, neste caso, "prêmio" maior e mais caro não há à poeta que continuamos a cantar:[1]

---

1. Texto grego nas edições dadas em Buzzi *et alii* (2008, pp. 21 e 57) e Greene e Skinner (2009, p. 10). As sugestões do suplemento que dá sentido ao "prêmio", aceita naquela, e do que traz a *khelýnna* ao verso final, aceita nesta, baseiam-se nos estudos de Gronewald e Daniel, e de West, referidos à nota à "Canção sobre a velhice".

[versos 1-4: ilegíveis e lacunares]
] εὔχομ[
]. νῦν θαλ[ί]α γε[
] νέρθε δὲ γᾶς γε[νοίμα]ν
]..ν ἔχοισαν γέρας ὠς [ἔ]οικεν,
]ζοεν ὠς νῦν ἐπὶ γᾶς ἔοισαν.
] λιγύραν, [α]ἴ κεν ἔλοισα πᾶκτιν
χε[λ]ύνναν.αλαμοις ἀείδω.

... rezo ...
... agora festividade ...
... sob a terra viria a ser;
... tendo prêmio como é justo
... como agora sobre a terra estando
... se clara harpa agarrasse
... lira ... eu canto.

Índice

Nota à segunda edição 7
Introdução, *por Giuliana Ragusa* 11

HINO A AFRODITE E OUTROS POEMAS. 67
Afrodite 70
  «Hino a Afrodite» (Fr. 1)   71
  «Ode do óstraco» (Fr. 2)   76
  Prece a Afrodite e às Nereidas (Fr. 5)   78
  Prece a Afrodite, uma punição para Dórica (Fr. 15)   80
  Fragmento 22   81
  Fragmento 33   83
  Fragmento 65   84
  Fragmento 73 A   85
  Fragmento 86   86
  Fragmento 101   87
  Fragmento 102   88
  Fragmento 112   89
  Fragmento 133   91
  Fragmento 134   92
  Afrodite e Adônis, paixão e morte (Fr. 140)   93
  Fragmento 168   95
  Fragmento 117 B   96
Eros 97
  Fragmento 47   97
  Fragmento 54   98
  Fragmento 130   98
  Fragmento 159   100
  Fragmento 172   100
  Fragmento 188   100

Ártemis 101
   Fragmento 44 A   101

As Cárites ou «Graças» 103
   Fragmento 53   104
   Fragmento 128   104

Eos, a Aurora 105
   Fragmento 123   105

Hera 106
   Fragmento 17   106

Musas 109
   Fragmento 32   109
   Fragmento 124   109
   Fragmento 127   110
   Fragmento 150   111

Deuses vários em inícios frustrados 112
   Fragmento 103   112

Cenas míticas 114
   A saga troiana: as bodas de Heitor e Andrômaca (Fr. 44)   114
   Fragmento 141   119
   Fragmento 142   120
   Leda e Zeus (Fr. 166)   121

Canções de recordação 122
   «Ode a Anactória» (Fr. 16)   122
   Fragmento 96   125
   Fragmento 23   129
   Fragmento 49   131
   Fragmento 88   132
   Fragmento 94   134
   Fragmento 129   137
   Fragmento 147   137

Desejos 138
   Fragmento 95   138
   Fragmento 121   140

Fragmento 126	140
Fragmento 138	141

Dores de amor 142
«Phaínetaí moi...» (Fr. 31)	142
Fragmento 36	145
Fragmento 48	145
Fragmento 51	146

Sono 147
Fragmento 46	147
Fragmento 63	148
Fragmento 149	149
Fragmento 151	149
Fragmento 168B	150

Viagem 151
Fragmento 20	151

Imagens da natureza 153
Fragmento 34	153
Fragmento 42	154
Fragmento 101A	154
Fragmento 135	155
Fragmento 136	155
Fragmento 143	155
Fragmento 146	156
Fragmento 167	156
Fragmento 168C	156

O cantar, as canções e as companheiras 157
Fragmento 70	157
Fragmento 118	158
Fragmento 153	158
Fragmento 154	159
Fragmento 156	159
Fragmento 160	160
Elogio	161
Fragmento 41	161

Fragmento 82A — 162
Fragmento 122 — 162
Censura — 163
Fragmento 3 — 163
Fragmento 55 — 165
Fragmento 56 — 166
Fragmento 57 — 166
Fragmento 68 — 167
Fragmento 71 — 169
Fragmento 91 — 170
Fragmento 137 — 170
Fragmento 144 — 171
Fragmento 155 — 171

Epitalâmios: canções de casamento 172
Fragmento 104 (A-B) — 173
Fragmento 105 (A-B) — 174
Fragmento 106 — 175
Fragmento 107 — 175
Fragmento 108 — 175
Fragmento 109 — 176
Fragmento 110 — 176
Fragmento 111 — 177
Fragmento 113 — 178
Fragmento 114 — 179
Fragmento 115 — 180
Fragmento 116 — 181
Fragmento 117 — 181

Festividades 182
Fragmento 27 — 182
Fragmento 30 — 184
Fragmento 43 — 186
Fragmento 81 — 187

Vestes e adornos 188
Fragmento 39 — 188
Fragmento 62 — 189

Fragmento 92 190
Fragmento 125 191

Cleis 192
Fragmento 98 (A–B) 192
Fragmento 132 195

Reflexões ético-morais 196
Fragmento 26 196
Fragmento 37 197
Fragmento 50 197
Fragmento 52 198
Fragmento 58 198
Fragmento 120 199
Fragmento 148 199
Fragmento 158 200

« Canção sobre a velhice » 201

Canto, velhice: um convite 204
Fragmento 21 204

De cantos, cordas, prêmio: imortalidade? 206

Índice 209

COLEÇÃO «HEDRA EDIÇÕES»

1. *A metamorfose*, Kafka
2. *O príncipe*, Maquiavel
3. *Jazz rural*, Mário de Andrade
4. *O chamado de Cthulhu*, H. P. Lovecraft
5. *Ludwig Feuerbach e o fim da filosofia clássica alemã*, Friederich Engels
6. *Hino a Afrodite e outros poemas*, Safo de Lesbos
7. *Præterita*, John Ruskin
8. *Manifesto comunista*, Marx e Engels
9. *Rashômon e outros contos*, Akutagawa
10. *Memórias do subsolo*, Dostoiévski
11. *Teogonia*, Hesíodo
12. *Trabalhos e dias*, Hesíodo
13. *O contador de histórias e outros textos*, Walter Benjamin
14. *Diário parisiense e outros escritos*, Walter Benjamin
15. *Fábula de Polifemo e Galateia e outros poemas*, Góngora
16. *Pequenos poemas em prosa*, Baudelaire
17. *Ode ao Vento Oeste e outros poemas*, Shelley
18. *Poemas*, Byron
19. *Sonetos*, Shakespeare
20. *Cântico dos cânticos*, [Salomão]
21. *Balada dos enforcados e outros poemas*, Villon
22. *Ode sobre a melancolia e outros poemas*, Keats
23. *Robinson Crusoé*, Daniel Defoe
24. *Dissertação sobre as paixões*, David Hume
25. *A morte de Ivan Ilitch*, Liev Tolstói
26. *Don Juan*, Molière
27. *Contos indianos*, Mallarmé
28. *Triunfos*, Petrarca
29. *O retrato de Dorian Gray*, Wilde
30. *A história trágica do Doutor Fausto*, Marlowe
31. *Os sofrimentos do jovem Werther*, Goethe
32. *Dos novos sistemas na arte*, Maliévitch
33. *Metamorfoses*, Ovídio
34. *Micromegas e outros contos*, Voltaire
35. *O sobrinho de Rameau*, Diderot
36. *Carta sobre a tolerância*, Locke
37. *Discursos ímpios*, Sade
38. *Dao De Jing*, Lao Zi
39. *O fim do ciúme e outros contos*, Proust
40. *Fé e saber*, Hegel
41. *Joana d'Arc*, Michelet
42. *Livro dos mandamentos: 248 preceitos positivos*, Maimônides
43. *Eu acuso!*, Zola | *O processo do capitão Dreyfus*, Rui Barbosa
44. *Apologia de Galileu*, Campanella
45. *Sobre verdade e mentira*, Nietzsche
46. *A vida é sonho*, Calderón
47. *Sagas*, Strindberg
48. *O mundo ou tratado da luz*, Descartes
49. *A vênus das peles*, Sacher-Masoch
50. *Escritos sobre arte*, Baudelaire
51. *Americanismo e fordismo*, Gramsci
52. *Sátiras, fábulas, aforismos e profecias*, Da Vinci
53. *O cego e outros contos*, D.H. Lawrence
54. *Imitação de Cristo*, Tomás de Kempis

55. *O casamento do Céu e do Inferno*, Blake
56. *Flossie, a Vênus de quinze anos*, [Swinburne]
57. *Teleny, ou o reverso da medalha*, [Wilde et al.]
58. *A filosofia na era trágica dos gregos*, Nietzsche
59. *No coração das trevas*, Conrad
60. *Viagem sentimental*, Sterne
61. *Arcana Cœlestia e Apocalipsis revelata*, Swedenborg
62. *Saga dos Volsungos*, Anônimo do séc. XIII
63. *Um anarquista e outros contos*, Conrad
64. *A monadologia e outros textos*, Leibniz
65. *Cultura estética e liberdade*, Schiller
66. *Poesia basca: das origens à Guerra Civil*
67. *Poesia catalã: das origens à Guerra Civil*
68. *Poesia espanhola: das origens à Guerra Civil*
69. *Poesia galega: das origens à Guerra Civil*
70. *O pequeno Zacarias, chamado Cinábrio*, E.T.A. Hoffmann
71. *Um gato indiscreto e outros contos*, Saki
72. *Viagem em volta do meu quarto*, Xavier de Maistre
73. *Hawthorne e seus musgos*, Melville
74. *Feitiço de amor e outros contos*, Ludwig Tieck
75. *O corno de si próprio e outros contos*, Sade
76. *Investigação sobre o entendimento humano*, Hume
77. *Sobre os sonhos e outros diálogos*, Borges | Osvaldo Ferrari
78. *Sobre a filosofia e outros diálogos*, Borges | Osvaldo Ferrari
79. *Sobre a amizade e outros diálogos*, Borges | Osvaldo Ferrari
80. *A voz dos botequins e outros poemas*, Verlaine
81. *Gente de Hemsö*, Strindberg
82. *Senhorita Júlia e outras peças*, Strindberg
83. *Correspondência*, Goethe | Schiller
84. *Poemas da cabana montanhesa*, Saigyô
85. *Autobiografia de uma pulga*, [Stanislas de Rhodes]
86. *A volta do parafuso*, Henry James
87. *Carmilla — A vampira de Karnstein*, Sheridan Le Fanu
88. *Pensamento político de Maquiavel*, Fichte
89. *Inferno*, Strindberg
90. *Contos clássicos de vampiro*, Byron, Stoker e outros
91. *O primeiro Hamlet*, Shakespeare
92. *Noites egípcias e outros contos*, Púchkin
93. *Jerusalém*, Blake
94. *As bacantes*, Eurípides
95. *Emília Galotti*, Lessing
96. *Viagem aos Estados Unidos*, Tocqueville
97. *Émile e Sophie ou os solitários*, Rousseau
98. *A fábrica de robôs*, Karel Tchápek
99. *Sobre a filosofia e seu método — Parerga e paralipomena (v. II, t. I)*, Schopenhauer
100. *O novo Epicuro: as delícias do sexo*, Edward Sellon
101. *Sobre a liberdade*, Mill
102. *A velha Izerguil e outros contos*, Górki
103. *Pequeno-burgueses*, Górki
104. *Primeiro livro dos Amores*, Ovídio
105. *Educação e sociologia*, Durkheim
106. *A nostálgica e outros contos*, Papadiamántis
107. *Lisístrata*, Aristófanes
108. *A cruzada das crianças/ Vidas imaginárias*, Marcel Schwob
109. *O livro de Monelle*, Marcel Schwob
110. *A última folha e outros contos*, O. Henry
111. *Romanceiro cigano*, Lorca

112. *Sobre o riso e a loucura*, [Hipócrates]
113. *Ernestine ou o nascimento do amor*, Stendhal
114. *Odisseia*, Homero
115. *O estranho caso do Dr. Jekyll e Mr. Hyde*, Stevenson
116. *Sobre a ética — Parerga e paralipomena (v. II, t. II)*, Schopenhauer
117. *Contos de amor, de loucura e de morte*, Horacio Quiroga
118. *A arte da guerra*, Maquiavel
119. *Elogio da loucura*, Erasmo de Rotterdam
120. *Oliver Twist*, Charles Dickens
121. *O ladrão honesto e outros contos*, Dostoiévski
122. *Sobre a utilidade e a desvantagem da história para a vida*, Nietzsche
123. *Édipo Rei*, Sófocles
124. *Fedro*, Platão
125. *A conjuração de Catilina*, Salústio
126. *Escritos sobre literatura*, Sigmund Freud
127. *O destino do erudito*, Fichte
128. *Diários de Adão e Eva*, Mark Twain
129. *Diário de um escritor (1873)*, Dostoiévski
130. *Perversão: a forma erótica do ódio*, Stoller
131. *Explosao: romance da etnologia*, Hubert Fichte

COLEÇÃO «METABIBLIOTECA»

1. *O desertor*, Silva Alvarenga
2. *Tratado descritivo do Brasil em 1587*, Gabriel Soares de Sousa
3. *Teatro de êxtase*, Pessoa
4. *Oração aos moços*, Rui Barbosa
5. *A pele do lobo e outras peças*, Artur Azevedo
6. *Tratados da terra e gente do Brasil*, Fernão Cardim
7. *O Ateneu*, Raul Pompeia
8. *História da província Santa Cruz*, Gandavo
9. *Cartas a favor da escravidão*, Alencar
10. *Pai contra mãe e outros contos*, Machado de Assis
11. *Crime*, Luiz Gama
12. *Direito*, Luiz Gama
13. *Democracia*, Luiz Gama
14. *Liberdade*, Luiz Gama
15. *A escrava*, Maria Firmina dos Reis
16. *Contos e novelas*, Júlia Lopes de Almeida
17. *Transposição*, Orides Fontela
18. *Iracema*, Alencar
19. *Auto da barca do Inferno*, Gil Vicente
20. *Poemas completos de Alberto Caeiro*, Pessoa
21. *A cidade e as serras*, Eça
22. *Mensagem*, Pessoa
23. *Utopia Brasil*, Darcy Ribeiro
24. *Bom Crioulo*, Adolfo Caminha
25. *Índice das coisas mais notáveis*, Vieira
26. *A carteira de meu tio*, Macedo
27. *Elixir do pajé — poemas de humor, sátira e escatologia*, Bernardo Guimarães
28. *Eu*, Augusto dos Anjos
29. *Farsa de Inês Pereira*, Gil Vicente
30. *O cortiço*, Aluísio Azevedo
31. *O que eu vi, o que nós veremos*, Santos-Dumont

32. *Poesia Vaginal*, Glauco Mattoso

COLEÇÃO «QUE HORAS SÃO?»

1. *Lulismo, carisma pop e cultura anticrítica*, Tales Ab'Sáber
2. *Crédito à morte*, Anselm Jappe
3. *Universidade, cidade e cidadania*, Franklin Leopoldo e Silva
4. *O quarto poder: uma outra história*, Paulo Henrique Amorim
5. *Dilma Rousseff e o ódio político*, Tales Ab'Sáber
6. *Descobrindo o Islã no Brasil*, Karla Lima
7. *Michel Temer e o fascismo comum*, Tales Ab'Sáber
8. *Lugar de negro, lugar de branco?*, Douglas Rodrigues Barros
9. *Machismo, racismo, capitalismo identitário*, Pablo Polese
10. *A linguagem fascista*, Carlos Piovezani & Emilio Gentile
11. *A sociedade de controle*, J. Souza; R. Avelino; S. Amadeu (orgs.)
12. *Ativismo digital hoje*, R. Segurado; C. Penteado; S. Amadeu (orgs.)
13. *Desinformação e democracia*, Rosemary Segurado
14. *Labirintos do fascismo, vol. 1*, João Bernardo
15. *Labirintos do fascismo, vol. 2*, João Bernardo
16. *Labirintos do fascismo, vol. 3*, João Bernardo
17. *Labirintos do fascismo, vol. 4*, João Bernardo
18. *Labirintos do fascismo, vol. 5*, João Bernardo
19. *Labirintos do fascismo, vol. 6*, João Bernardo

COLEÇÃO «MUNDO INDÍGENA»

1. *A árvore dos cantos*, Pajés Parahiteri
2. *O surgimento dos pássaros*, Pajés Parahiteri
3. *O surgimento da noite*, Pajés Parahiteri
4. *Os comedores de terra*, Pajés Parahiteri
5. *A terra uma só*, Timóteo Verá Tupã Popyguá
6. *Os cantos do homem-sombra*, Patience Epps e Danilo Paiva Ramos
7. *A mulher que virou tatu*, Eliane Camargo
8. *Crônicas de caça e criação*, Uirá Garcia
9. *Círculos de coca e fumaça*, Danilo Paiva Ramos
10. *Nas redes guarani*, Valéria Macedo & Dominique Tilkin Gallois
11. *Os Aruaques*, Max Schmidt
12. *Cantos dos animais primordiais*, Ava Ñomoandyja Atanásio Teixeira
13. *Não havia mais homens*, Luciana Storto

COLEÇÃO «NARRATIVAS DA ESCRAVIDÃO»

1. *Incidentes da vida de uma escrava*, Harriet Jacobs
2. *Nascidos na escravidão: depoimentos norte-americanos*, WPA
3. *Narrativa de William W. Brown, escravo fugitivo*, William Wells Brown

COLEÇÃO «ANARC»

1. *Sobre anarquismo, sexo e casamento*, Emma Goldman
2. *Ação direta e outros escritos*, Voltairine de Cleyre

3. *O indivíduo, a sociedade e o Estado, e outros ensaios*, Emma Goldman
4. *O princípio anarquista e outros ensaios*, Kropotkin
5. *Os sovietes traídos pelos bolcheviques*, Rocker
6. *Escritos revolucionários*, Malatesta
7. *O princípio do Estado e outros ensaios*, Bakunin
8. *História da anarquia (vol. 1)*, Max Nettlau
9. *História da anarquia (vol. 2)*, Max Nettlau
10. *Entre camponeses*, Malatesta
11. *Revolução e liberdade: cartas de 1845 a 1875*, Bakunin
12. *Anarquia pela educação*, Élisée Reclus

Adverte-se aos curiosos que se imprimiu este livro na gráfica Meta Brasil, na data de 12 de janeiro de 2024, em papel pólen soft, composto em tipologia Minion Pro e Formular, com diversos sofwares livres, dentre eles LuaLaTeXe git.
(v. ccd347f)